Mon challenge HAPPY ENTREPRENEURE AU TOP !

Direction éditoriale : Marie-Anne Jost-Kotik
Responsable éditoriale : Aline Sibony
Coordination de la rédaction et suivi éditorial : Amandine Gombault / Storytellers Médias

Illustrations : Angélique Agasse / Les Indiens
Photographies : Line Brusegan
Stylisme : Claire Haïm

Conception graphique et mise en pages : Estelle Chatelot et Sophie Villette

LAURY THILLEMAN

avec Pauline Laigneau

Mon challenge HAPPY ENTREPRENEURE Au TOP !

FIRST ÉDITIONS

Laury et Pauline : UN COUP DE FOUDRE **2.0** !

On ne se connaissait que *via* les réseaux sociaux et on aimait beaucoup se suivre mutuellement ! Chacune admirative, osons le dire, du parcours et de l'énergie de l'autre. Cette attirance réciproque a un jour fait des étincelles : **ce livre rien que pour vous !**

Quand Laury rencontre Pauline

J'ai découvert Pauline Laigneau à travers son podcast mettant en avant des témoignages d'entrepreneurs autour de leurs succès, leurs obstacles, leurs échecs... J'ai tout de suite aimé ce partage d'expériences ! Montrer que tout n'est pas toujours tout rose et que créer son business est une véritable aventure faite de hauts et de bas, de bonnes et de mauvaises périodes, de joie et de doutes. Les parcours de ces entrepreneurs sont très rassurants pour les personnes qui décident de monter leur projet et se posent mille questions. Pauline insuffle aussi de nombreux conseils pour faire vivre son entreprise, de l'idée de départ au business plan en passant par la case motivation et confiance en soi.

L'idée de faire un livre à quatre mains était pour moi la concrétisation d'un coup de cœur virtuel et professionnel J'ai voulu marier nos deux expériences d'entrepreneures et en faire un guide pour les personnes qui veulent elles aussi se lancer. Nos deux visions du monde de l'entrepreneuriat sont à la fois proches et sur certains sujets très différentes, ce qui fait la richesse de ce livre. Vous n'avez alors plus qu'à piocher !

Quand Pauline rencontre Laury

Je suis très admirative de Laury et de son énergie communicative ! Suivre Laury sur Instagram donne envie de se lever le matin et d'avoir le smile ! J'ai tout de suite trouvé ça chouette de m'associer autour d'un livre avec une femme qui bouge, fait des choses et se lance à fond dans l'entrepreneuriat sans avoir un parcours typique. Elle est pour moi un bel exemple de générosité et de réussite pour les femmes. L'idée de partager nos expériences et nos conseils pour aider les autres m'a paru tout simplement essentielle.

Qui est cette super nana ?

PAULINE LAIGNEAU

Après des études à Normale Sup et HEC, Pauline comprend qu'elle doit arrêter de faire des choses « pour faire plaisir » et qu'elle aimerait se recentrer sur ses désirs profonds. Elle décide alors de créer la marque de joaillerie Gemmyo avec son mari, aujourd'hui devenue l'un des grands acteurs de luxe français. Vous la connaissez sûrement, c'est la marque avec le chaton rose qui porte une bague sur l'oreille ! Grâce au succès de ses superbes bijoux, elle rencontre de nombreux entrepreneurs aux parcours brillants et lance le premier podcast business francophone. Son objectif ? Aider les porteurs de projet à lancer leur activité et plus globalement « nous aider à devenir la meilleure version de nous-même ». Conseils business, astuces pratiques, mais aussi philosophie de vie et coaching mental, Pauline aborde tous les sujets essentiels à la vie d'un entrepreneur sur ses divers réseaux sociaux. Elle est aussi la créatrice de la première école de la carrière Demain, proposant des formations pour développer son projet professionnel.

Sommaire

2.

PASSEZ À L'ACTION ! 41

3.

FAITES VIVRE VOTRE PROJET 77

Quel est votre **VRAI** POTENTIEL ?

Bien connue dans le monde du marketing, **l'analyse SWOT** est habituellement utilisée pour évaluer les forces et les faiblesses de votre entreprise (rendez-vous d'ailleurs page 80 !). Mais, ici, nous vous proposons de la réaliser pour VOUS afin de vous connaître un peu mieux avant de commencer ce livre.

SWOT ?

Pour Strenghts – Weaknesses – Opportunities – Threats (Forces – Faiblesses – Opportunités – Menaces).

Prenez quelques minutes pour faire un point sur votre situation et sur vous-même. Cela vous fera gagner un temps fou pour la suite ! Soyez le plus lucide possible, demandez même à vos amis ou futurs associés de relire votre analyse et de donner leurs avis.

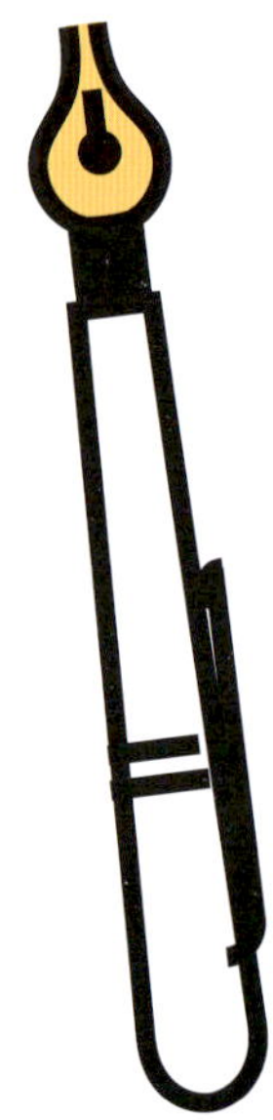

ANALYSE SWOT PERSO

FORCES

En quoi êtes-vous douée ?

....

....

Quelles sont vos grandes qualités humaines ?

....

....

Quelles compétences avez-vous pour mener à bien votre projet ?

....

....

....

Avez-vous un savoir-faire particulier ?

....

....

OPPORTUNITÉS :

Dans quel type de mission seriez-vous à l'aise ?

....

....

Quelles formations vous aideraient à faire vivre votre projet ?

....

....

Quel(s) marché(s) vous sont déjà très familier(s) ?

....

....

Dans quel(s) domaine(s) vos connaissances seraient utiles ?

....

....

FAIBLESSES

Quelles sont les tâches que vous redoutez ?

....

....

En quoi pourriez-vous vous améliorer ?

....

....

Que vous manque-t-il dans votre formation ?

....

....

Que ne voulez-vous surtout pas faire ?

....

....

MENACES

En quoi d'autres lanceurs de projets pourraient-ils être meilleurs que vous ?

....

....

Percevez-vous déjà des obstacles à votre future activité ?

....

....

Certaines ressources pourraient-elles vous faire défaut ?

....

Pensez-vous qu'il y a des pièges à éviter ?

....

....

Vous êtes au clair avec vous-même ? N'hésitez pas à revenir sur ces pages au fil du livre et à la fin pour faire un point, car vous risquez d'en apprendre un peu plus sur vous !

Optimisez VOTRE PROFIL **D'ENTREPRENEURE**

Et si vous faisiez une autoévaluation de votre profil d'entrepreneure ? Nous avons choisi 10 domaines sur lesquels nous vous invitons à réfléchir sur vous, que ce soit au lancement de votre projet ou plus tard, pour faire le point sur vos améliorations.

Soyez très honnête envers vous-même, prenez bien le temps de réfléchir à qui vous êtes vraiment, sinon ce n'est qu'un test de plus ! Ne soyez ni trop dure envers vous-même, ni trop sympa, soyez tout simplement juste !

Allez plus loin que votre première réaction pour répondre et imaginez des situations déjà vécues pour vous rendre compte de la manière dont vous réagissez VRAIMENT.

Et surtout, si vous décelez des faiblesses, ne vous enfermez pas en vous collant des étiquettes ! Il est toujours temps de changer quand on le décide.

RÉUSSITE PERSO

#Je n'aime pas faire trop de sacrifices pour réussir

&Je donne toujours le meilleur de moi-même quand je travaille

#Je préfère les projets à court terme qui se bouclent vite

&J'ai besoin de voir les résultats rapides de mes actions

CONTRÔLE

#Je déteste influencer les gens de manière générale

&J'aime avoir le final cut

&J'adore motiver les troupes

#Je n'aime pas la compétition

AMBITION

&J'ai tendance à penser que tout est toujours possible

&Mon kif ? Me challenger régulièrement !

#Je ne suis pas plus ambitieuse qu'une autre

#Je ne suis pas certaine que tous les rêves soient réalisables

AUTONOMIE

#J'aime être guidée par une équipe et un chef de projet

&Je veux être mon propre patron car l'indépendance est primordiale pour moi

#J'ai souvent besoin que quelqu'un d'autre me motive

&J'aime prendre mes propres décisions plutôt que de suivre celles des autres

DÉTERMINATION

&Les obstacles ne me font généralement pas peur

#Je me sens souvent bloquée sur certains dossiers

#J'ai tendance à abandonner face à des situations trop complexes

&Je change rarement de cap quand je commence quelque chose

GESTION DU STRESS

#Le stress me paralyse souvent

&Le stress me dose une bonne dose d'adrénaline

&Je reste tout de même efficace quand je stresse

#Lorsque les situations sont compliquées ou incertaines, je perds les pédales

INTUITION

&Mes intuitions sont souvent juste

#Quand je pense rouge, c'est toujours vert

&Je repère souvent les bonnes occaz'

#Je préfère me baser sur mon expérience, rarement sur du flair

GOÛT DU RISQUE

#J'adore prendre des risques au travail

#Je prends pas mal d'initiatives

&Je calcule toujours ma prise de risque et préfère jouer safe

&Si je prends trop de risques, je suis direct en PLS !

ÉCHEC

&Je pense qu'un échec est toujours plus riche qu'une réussite

#J'ai souvent peur de passer à l'action et ça me bloque

&Je ne fais pas souvent les mêmes erreurs

#Je me trouve parfois des excuses pour ne pas affronter certaines situations

TIMING

&Je suis une pro des plannings, tout est rendu à temps

#Je suis plutôt du genre à procrastiner

#Je privilégie la réflexion à l'action

&Passez à l'action, c'est mon dada

Vous l'avez compris, les motifs # vous invitent à optimiser votre potentiel si vous désirez mettre toutes les chances de votre côté dans la grande aventure de l'entrepreneuriat !

Plusieurs solutions s'offrent alors à vous :

➜ progresser à l'aide de bouquins, de développement perso, de coachs, de formations ou de conseils de votre mamie !

➜ mais aussi bien vous entourer de personnes et déléguer les missions pour lesquelles vous vous sentez moins performante

N'oubliez pas que personne n'excelle dans tous les domaines et que l'important est d'en avoir conscience et d'agir en conséquence. C'est même LE secret des grands entrepreneurs ! (la preuve page 92).

Maintenant que vous savez, à vous de vous organiser !

SPARTAN RACE
FINISHER
SPARTAN SUPER
FINISHER

DÉVELOPPEZ **UN MENTAL DE WINNEUSE !**

Pour réussir à monter un projet, la première chose à faire est de se forger un état d'esprit positif, confiant et surtout résistant à toute épreuve. Car il s'agit bien là du moteur le plus efficace ! **Le succès aura du mal à pointer sans un mental antichoc :** une étape de préparation que nous mettons en *pole position* Pauline et moi et continuons de bosser au quotidien. Sortie de sa zone de confort, rencontre avec le syndrome de l'imposteur, mais aussi peur de réussir, motivation, résilience, équilibre pro-perso, etc. On a tout passé à la loupe et établi **un programme d'exos concrets afin que vous vous sentiez sur les starting-blocks** comme une sprinteuse aux Jeux olympiques.

Chouchoutez VOS PENSÉES

Pauline est convaincue que savoir faire la différence entre nos pensées et la réalité et savoir vraiment se connaître, sont des compétences clés et créatrices de valeur. Je la rejoins complètement et j'essaie toujours d'adopter des pensées très positives lorsque je commence un projet, aussi modeste soit-il.

Nous pouvons avoir toute l'énergie et la volonté possibles, si nous ne cultivons pas de bonnes vibes au quotidien, nous n'arrivons jamais à bien réaliser les choses qui nous tiennent à cœur ! En effet, n'est-ce pas tout simplement la toute première action à mener lorsque nous nous lançons dans une nouvelle activité que de faire une détox de nos pensées négatives ?

Pour créer un terreau fertile et voir ses projets grandir dans les meilleures conditions, je commence donc par :

1. *Laisser passer mes pensées*

★ La première chose à faire est de prendre conscience de mes pensées pour ne plus les subir. Je ne vais pas forcément arriver à les freiner à la source mais je peux choisir de les réorienter et de me raisonner en toute conscience.

★ Je prends 5 min pour les écouter et les laisser filer. Je les capte comme si j'allumais la radio et que tout ce qui se dit ne m'appartenait pas. L'exercice est difficile au départ mais au bout de quelques entraînements, j'arrive à prendre de la distance avec certaines d'entre elles.

★ Je n'émets aucun jugement envers moi-même ni aucune critique, mes pensées sont celles qu'elles sont (je ne vais pas en plus m'en vouloir !). Elles sont liées à mon histoire, mon état de forme, ce que je vis actuellement, etc.

2. *Dépolluer mon esprit*

★ Une fois mes pensées principales et envahissantes reconnues, j'essaie de faire un tri. Lesquelles proviennent de mes émotions ? De mon anxiété ? Lesquelles sont issues de croyances limitantes, comme : je n'y arriverai jamais, je suis nulle dans ce domaine-là, c'est vraiment trop difficile de monter un projet seule, etc.

★ En psychologie, il est reconnu qu'une pensée dont a pris conscience a moins d'impact sur nous qu'une pensée automatique que l'on n'aurait ni reconnue et nommée. Une première étape est donc franchie. Pour celles qui persistent et que je sens profondément ancrées en moi, il est peut-être l'occasion de commencer un travail (avec un psy, un coach, etc.) pour aller chercher plus loin leurs origines.

★ J'inscris sur une feuille ce que j'imagine être la source de mes pensées négatives : manque de confiance en moi, tendance à la négativité, angoisses diverses, peurs... Cela me servira à mieux me connaître et à faire mon analyse.

3. *S'ancrer dans le présent et dans mon corps*

★ Lorsque le mental s'emballe et rumine, je dois me raccrocher au présent et au concret. J'ai pour habitude de prendre de grandes respirations pour me recentrer sur mon corps, mais aussi de faire quelques automassages. Cela freine automatiquement mes pensées. Bien sûr, le sport est excellent pour ça mais comme il n'est pas toujours facile de faire des squats en situation de stress, je choisis de me ramener à l'instant présent. Je regarde autour de moi, je triture un petit objet fétiche dans ma poche, je masse mon cuir chevelu ou mon visage... Tout est possible, trouvez votre petit truc à vous !

4. *Programmer des pensées alternatives*

★ Comme un ordinateur que l'on reformate, le cerveau est capable d'enregistrer de nouvelles données chaque seconde. Alors, je commence par visualiser mes projets qui prennent forme, exactement comme je l'entends. Puis je crée des phrases motivantes qui viendront remplacer mes pensées noires : j'y arrive, par n'importe quel chemin, je rencontre les bonnes personnes au bon moment, les obstacles me font avancer... Et je ressors cette liste en cas de coup de mou.

Soyez bien régulière dans ces exercices. Si vous arrivez à penser positif 2 heures par jour et que le reste du temps vous ne prenez pas soin de vous et vous jugez sur tout et n'importe quoi, cela reviendra malheureusement au même. Pour entrer dans le game des winneuses, il faut de l'investissement, du courage et ne rien lâcher. Je suis certaine que tout le monde en est capable !

PLUS DE

60 000 pensées nous traversent chaque jour.

95 % seraient identiques à celles de la veille
et 80 % seraient négatives.
Il est temps d'appuyer sur la touche reset !

Dépassez VOTRE ZONE **DE CONFORT !**

Si vous désirez devenir entrepreneure, vous allez être confrontée à des chemins hors piste ! Entendez par là des sentiers que vous n'avez jamais empruntés mais qu'il va bien falloir franchir... **Prête pour le grand frisson ?**

Depuis que nous sommes bébé, nous quittons quotidiennement notre zone de confort. La première fois est lorsque l'on sort du ventre de notre mère ! Puis cela ne s'arrête jamais, nous sortons quotidiennement de notre « cocon », mais, selon les personnes, cela se fait plus ou moins intensément.

La zone de confort, c'est quoi finalement ?

★ C'est un état psychologique rassurant, dans lequel nous sommes à l'aise, avec nos routines, nos habitudes, nos réflexes... En bref, on ne se pose plus beaucoup de questions car on maîtrise les choses, on les fait de manière automatique et cela nous apaise l'esprit... On a acquis quelque chose de CONFORTABLE. C'est un peu comme si on vivait dans un bon gros pouf moelleux. On y est bien mais bon à force, on s'y ramollit ! Le revers de la médaille ? Nous bloquons nos nouvelles expériences, nos rencontres, et nous n'évoluons pas vraiment... En un mot, on s'encroûte ! Et Pauline et moi, on déteste ça !

1. *Dressez un plan d'action*

★ Pour sortir de votre paire de charentaises, il faut organiser un plan d'action. Qu'avez-vous besoin d'acquérir ou de faire pour faire évoluer votre projet ? Engranger de nouvelles compétences et vous inscrire à un cours de marketing d'influence ? Élargir votre carnet d'adresses pour travailler avec des experts ? Commencez par vous poser les bonnes questions, celles qui feront concrètement progresser votre projet.

★ Donnez-vous des objectifs réguliers chaque jour, chaque semaine, chaque mois de plus en plus grands. Lorsque j'ai créé ma ligne de vêtements Parisienne et alors, je partais vraiment de zéro avec une école de commerce et une de journalisme en poche ! J'ai dû admettre que je ne pourrais pas y arriver seule et j'ai cherché des partenaires qui m'ont partagé leur savoir-faire. Je me suis alors entourée de deux femmes qui avaient travaillé dans le milieu de la mode éthique et qui connaissait la création, le modélisme... J'ai alors grimpé en compétences tout en restant dans mon domaine, la direction artistique et la communication et en déléguant le reste.

Sortir de sa zone de confort c'est :

- ➜ Accroître son niveau de bonheur
- ➜ Inspirer les autres
- ➜ S'ouvrir à la vie et à ses opportunités

2. *Osez affronter vos peurs*

★ Comment rebondissez-vous dans votre vie de manière générale ? Faites-vous partie des personnes qui s'adaptent facilement aux nouveautés ? Aimez-vous apprendre, changer ? Ou, au contraire, êtes-vous effrayée à l'idée de modifier quelque chose dans votre vie ? Sachez que dans tous les cas de figure, une part de peur sera toujours là. Cette peur, prenez-la comme du super carburant et non comme un frein à votre évolution. Domptez-la en la rassurant chaque jour. Pour cela, soyez progressive dans vos étapes de croissance. Parlez-vous, motivez-vous, ne vous jetez pas dans le grand bain sans avoir décidé avec quelle bouée vous allez sauter. Si vous êtes de nature anxieuse, prenez du temps pour vous recentrer, vous calmer, et visualiser les étapes de manière positive.

3. *Trouvez de bons accompagnateurs*

★ Après avoir trouvé vos prochaines actions, vous être sondés pour savoir ce dont vous avez vraiment besoin ou même après avoir réalisé un bilan de compétences, il faut vous entourer. Vous devez partir à la recherche de personnes qui sauront vous apporter ce dont vous avez besoin pour grandir ! Sortir de sa zone de confort, c'est aussi trouver un entourage qui va vous tirer vers le haut.

4. *Acceptez l'inconfort*

★ Trop de personnes stagnent dans une vie qu'elles n'aiment pas par peur de ne pas être à la hauteur ou de perdre ce qu'elles ont déjà. Mais traverser une zone d'inconfort est primordial pour changer de cap ! Si vous vous levez de votre pouf, vous allez devoir rester debout pendant plusieurs heures avant de trouver un beau canapé qui vous sied ? Mais après, quel pied ! Soyez curieuse de l'inconnu (il réserve des surprises !), acceptez les zones de turbulences (quand c'est fini, le calme est encore plus doux !), car vous allez vous découvrir des compétences insoupçonnées, et cela nourrira votre force et votre détermination.

le tip de Pauline

*« **Faire le premier pas est toujours difficile** mais la satisfaction de le réussir est tellement forte que l'on tombe facilement dans **un cercle vertueux** ! »*

« Votre vie commence ***à la limite de votre zone de confort.*** »
Neale Donald Walsch

Cultivez VOTRE MOTIV'

On a tendance à penser que la motivation ne se dompte pas. Elle vient, elle part selon nos humeurs. Un peu comme l'inspiration ! Mais c'est une erreur, **il existe des pistes concrètes pour la faire éclore et la garder avec soi.**

1. *Travaillez sur le positif*

★ Nous ne naissons pas tous avec le don naturel d'être positif et optimiste en toutes circonstances. Mais on peut le travailler, tout est une question de volonté.
La motivation passe par une vision positive de la vie, par le fait d'essayer de toujours considérer le verre à moitié plein.

★ Faites cet exercice la prochaine fois qu'il vous arrive un truc pas très drôle : listez ce que cet événement peut vous apporter tout de même de positif. À court terme puis à long terme. Entraînez votre cerveau à penser ainsi à chaque expérience « négative » et vous verrez au fil du temps, votre motivation revenir de plus en plus vite comme un boomerang.

2. *Trouvez des modèles*

★ Sportif de haut niveau, entrepreneure chevronnée... Abonnez-vous aux comptes de personnalités qui vous inspirent le courage et la combativité. Lisez des biographies de gens qui ont déplacé des montagnes pour réaliser leurs projets, écoutez des podcasts de parcours inspirants... En bref, trouvez des modèles pour vous nourrir et inspirez-vous au quotidien.

3. *Enregistrez des affirmations*

★ Branchez-vous sur des podcasts d'affirmations positives pour bien commencer vos journées. Mieux encore, enregistrez les vôtres selon vos projets et vos ambitions du moment. Rien de tel pour se booster !

LAURY

« Lorsque j'ai besoin de me motiver pour une journée bien chargée, ***je commence par mettre une musique qui met la pêche à fond dans mon appart. Puis je chante et je danse quelques minutes.*** Pour moi la motivation passe par un corps détendu et par le plaisir. »

5 MIN

de méditation

Il existe des méditations guidées pour se motiver dès le matin sur YouTube. Parce que rester combative c'est d'abord se sentir bien ancrée et faire le vide dans ses pensées ! Allez, allez, on met ses écouteurs !

4. *Participez à des événements*

★ Networking, meetup, challenges, webinars, formations, cours... Il existe aujourd'hui des tas d'événements pour rencontrer des futurs collaborateurs, partager avec d'autres passionnés, se former pour upgrader son CV... L'idée est de ne pas rester seule trop longtemps chez vous derrière votre ordinateur à bûcher jour et nuit. Ouvrez-vous vers le monde extérieur pour garder votre petite étincelle et votre joie de travailler.

5. *Lancez-vous vos défis*

★ Rien de pire que de tourner en rond avec les mêmes tâches à réaliser chaque jour de sa vie... Prenez du temps pour vous poser chaque mois par exemple et vous demander si vous vous êtes un tantinet amusée le mois dernier dans vos projets. Pas du tout ? Un peu ? Si vous sentez la monotonie frapper à votre porte, lancez-vous des défis, même petits. Appelez 5 nouveaux prospects dans la semaine, décrochez un rendez-vous avec une personne qui pourrait vraiment vous aider, inventez de nouveaux posts sur vos réseaux sociaux pour booster votre audience... *No limit!*

6. *Soyez reconnaissante envers vous-même*

★ La motivation se décuple plus vite lorsque l'on est bien dans ses baskets, que l'on a confiance en soi. Pensez aussi à vous et apprenez à lâcher du lest de temps en temps. Regardez ce que vous avez accompli avec bienveillance et non en ne retenant uniquement ce que vous n'avez pas eu le temps de faire. Félicitez-vous régulièrement, soyez votre gentil coach !

7. *Soignez votre espace de travail*

★ Ce qui vous entoure a une influence réelle sur vous. Créez un espace agréable dans lequel vous vous sentirez bien pour bosser. Une plante, des photos, un bureau bien rangé, un fauteuil douillet... Pensez aussi aux bonnes odeurs à diffuser, à un mug avec votre thé préféré... Rien n'est un détail ! Et surtout changez d'environnement régulièrement pour recharger les batteries de nouveauté : espaces de coworking, bibliothèque, jardin, café...

le tip de Pauline

N'oubliez jamais de sourire dans votre journée !

Et ça commence le matin, quand on arrive au bureau, que l'on boit son café. Même si la nuit a été courte et que vous savez que vous allez devoir éteindre mille feux dans la journée, SOURIEZ ! **Le plus possible et surtout avec toutes vos dents !**

Domptez VOTRE PEUR **DE RÉUSSIR !**

Oui, vous avez bien entendu, peur d'avoir du succès ! Parce que les enjeux qui vont avec sont trop grands ou que le changement fait peur, nous avons parfois tendance à nous autosaboter inconsciemment.

Ne vous êtes-vous jamais trouvé des excuses pour mener à fond vos projets ? N'avez-vous jamais limité vos efforts au moment où tout allait basculer positivement pour vous ? Ce phénomène, très souvent inconscient, où l'on ressent vraiment l'envie de réussir, mais où l'on se met soi-même des bâtons dans les roues est tout simplement la peur de réussir. Mais pourquoi ? Parce que réussir c'est ouvrir des portes vers l'inconnu et se frotter à des situations que l'on ne maîtrise pas encore : la pression, les attentes de la part des clients, un nouvel emploi du temps, des changements personnels... Résultat : nous n'utilisons plus notre plein potentiel pour rester bien au chaud dans notre ancien schéma, beaucoup plus rassurant.

1. *Ne vous inventez pas des excuses*

★ *« Il va y avoir trop de clients d'un coup... Je ne vais pas arriver à tout gérer. Finalement, il me manque un associé... »* Parfois, à quelques minutes de franchir la ligne d'arrivée (voir à la ligne de départ), on commence à se triturer l'esprit avec des scénarios noirs.

Notre conseil : ne vous faites pas de souci sur quelque chose qui n'existe pas encore. Ne projetez pas de situations catastrophiques et osez vous écouter. Vos peurs sont-elles légitimes ? Certaines oui, mais d'autres non. Une solution : renseignez-vous sur la manière de gérer les situations futures qui vous font peur. Une fois vos peurs identifiées, vous pourrez les analyser et les contrôler.

2. *Osez vous mettre en avant sans culpabiliser*

★ Réussir c'est faire un pas vers son autonomie. Chaque fois que vous accomplissez quelque chose, vous affirmez un peu plus votre identité. Vous n'êtes plus là où l'on vous attendait. Cela peut faire peur et vous empêcher d'avancer. Peur de susciter la jalousie, peur d'être meilleur que son frère... Peur tout simplement de sortir de votre « zone ».

Notre conseil : dites-vous que votre succès peut aussi vous permettre de donner, de montrer l'exemple, d'inspirer les autres. Votre réussite aura une résonance positive sur les personnes qui vous aiment vraiment. Vous leur insufflerez de la joie et peut-être même de la fierté. Pour les autres, ne vous en fiez pas, s'ils sont jaloux, vous aurez assez de force pour les mettre de côté car votre succès va vous gonfler à bloc.

3. Confrontez maintenant vos rêves à la réalité

★ Luc Ferry disait : « *Rien n'est pire que l'échec sinon la réussite quand elle ne vous comble pas.* » Nous avons tous rêvé de nos réussites et de ce que nos projets pourraient nous apporter d'incroyable. De la liberté, des voyages, de l'argent... ! Mais voilà, réussir vraiment, concrètement, c'est confronter nos fantasmes à la réalité. Et si mon projet ne m'apportait pas tout ce bonheur ? Si ce n'était pas aussi grandiose que dans mon esprit ? Si ça ne me faisait pas me sentir aussi brillante que je le voudrais ?

★ Ne pas réussir devient alors beaucoup plus confortable car l'on ne se frotte ni à la déception ni à nos propres limites. Et on continue de rêver...

Notre conseil : parlez-vous, rassurez-vous et dites-vous qu'il est l'heure de passer à l'action car rêver assise sur son canap' va plutôt vous rendre aigrie au fil des années... Et si votre succès ne vous comble pas, il n'est jamais trop tard pour le réorienter et revoir vos priorités.

4. Aimez votre propre changement

★ Une winneuse c'est finalement une personne qui remplit son contrat avec elle-même et avec le monde. Réussir (au sens large du terme) c'est trouver sa place, se sentir centrée, ancrée dans sa vie et dans le présent. C'est aussi avoir appris à faire avec soi-même, ses défauts et ses qualités et aussi franchir les difficultés de la vie avec résilience.

★ Un programme qui peut s'avérer très effrayant ! Sortir de sa zone de confort, de son petit nid douillet est parfois immensément flippant ! (lisez les pages 16). Mais dites-vous une chose : si vous ne vous donnez jamais la peine de changer, vous êtes déjà dans l'échec. Un échec personnel qui ne vous épanouira guère à la longue. Le mouvement et le changement sont deux éléments essentiels à la joie !

le tip de Pauline

« La peur de réussir est beaucoup lié à la peur de l'échec et à la peur du regard de l'autre. *Mes parents étaient très sportifs et j'ai eu l'occasion de faire pas mal de compétitions, notamment en ski.* ***J'ai donc été confrontée dès l'enfance à l'échec*** *(je me suis retrouvée un certain nombre de fois dans les derniers parce que j'étais très jeune et pas vraiment douée !).* ***Cela m'a fait réaliser que le fait que je réussisse ou non ne changeait pas qui j'étais. Juste le regard que les autres portaient sur moi. Je le vis donc beaucoup mieux. »***

Développez VOTRE **CONFIANCE**

Confiance en soi, en les autres, en la vie… Il n'est pas toujours facile d'être sereine surtout lorsque l'on commence un projet qui nous tient à cœur. **Revenons alors aux fondamentaux pour bâtir nos actions sur un socle stable.**

La confiance en soi se nourrit par les deux bouts !

➜ j'ai confiance lorsque j'ai été capable d'oser

➜ et le contraire : comme j'ai confiance en les autres, en mon destin… j'ose !

Notre premier conseil est donc de ne pas imaginer que la confiance provient uniquement de notre intérieur mais d'intégrer qu'elle arrive aussi (et surtout !) de l'extérieur.

Il y a donc plusieurs façons d'atteindre la confiance en soi :

➜ avec la confiance en l'autre
(des gens qui nous inspirent et nous poussent vers le haut)

➜ avec la confiance en ses capacités
(grâce à nos compétences nous pouvons nous prouver des choses)

➜ avec la confiance en la vie
(cette philosophie de penser que la vie nous apporte des choses positives)

Votre ordonnance pour cultiver votre confiance :

1. *Faites des choses avec vos mains*

★ Réparer un meuble, jardiner, faire de la cuisine, peindre… Produire quelque chose avec ses mains et non uniquement avec sa tête donne confiance. Pourquoi ? Parce que l'on se prouve qu'on est capable de créer du « concret » et que constater les effets réels de son action dans le monde est naturellement satisfaisant. Si votre métier impose une grosse part de digital, à vous retrousser les manches le week-end pour retourner à la matière ! L'essence même de notre être.

2. *Admirez la vie*

★ Depuis la naissance, nous avons une confiance minimale dans le monde. Nous savons au fond de nous-même que quelque chose est là pour nous, que tout n'est pas hostile. C'est un sentiment à cultiver au quotidien. Si nous avons un rapport au monde heureux : la confiance revient toujours comme un boomerang. Pour cela, mettez-vous en condition, écoutez de la bonne musique, lisez des livres inspirants, regardez des films qui vous redonnent foi en la vie et laissez entrer votre joie de vivre. Un vrai exercice de tous les jours !

3. Arrêtez de vous comparer

★ Notre valeur est absolue et non relative. La vie des autres ne doit pas nous faire perdre notre confiance en nous et c'est malheureusement ce qui se passe avec les réseaux sociaux. La comparaison sociale est un gouffre pour la confiance en soi ! La confiance s'acquiert grâce à notre singularité, il faut s'affranchir des modèles, des normes, des codes de branchitude, des tendances... Pour retrouver notre identité, notre différence. En bref, coupez les réseaux sociaux !

4. Cultivez de bonnes relations

★ Le potentiel qui est en vous se met à jour grâce aux rencontres que vous faites. Entretenez les relations avec des personnes avec qui vous vous sentez comprise, aimée et acceptée. Multipliez les occasions de rencontre, les sorties, les activités pour tisser des liens essentiels à votre confiance en vous.

5. Accueillez vos doutes

★ Avoir confiance en soi, ce n'est pas douter de rien. C'est accueillir ses incertitudes sans en être paralysée. C'est accepter que l'on a peur, que l'on ne sait pas, mais continuez d'agir. Ne visez pas une attitude irréprochable, accueillez-vous tout en continuant d'avancer.

6. Apprenez toujours à vous connaître

★ Connaître son désir existentiel, artistique, sexuel... est une étape fondamentale pour avoir confiance en soi. Interrogez-vous sur vos désirs profonds. C'est lorsqu'on les a identifiés qu'on ne devient plus jaloux ou amoindri par ce que font les autres. On les admire et on s'en inspire. Et posez-vous cette question : combien de temps par mois donnez-vous aux choses qui vous nourrissent ?

7. Créez-vous des habitudes

★ « *La confiance en soi c'est l'art du passage à l'acte, la philosophie de l'action* », dit le philosophe Charles Pépin. Créez-vous des routines galvanisantes pour prendre le contrôle sur votre vie et vous sentir plus libre. Donnez-vous un cadre qui vous correspond et vous fait progresser (tournez cette page pour trouver des exemples de bonnes routines !)

le tip de Pauline

« Lorsque Gemmyo s'est mis à grandir, je suis passée d'entrepreneur un peu touche à tout à dirigeante d'entreprise. **À ce moment-là j'ai connu une grande période de doutes.** *Est-ce que j'allais en être capable ? Il fallait que je m'améliore. C'est là que j'ai commencé mes podcasts du Gratin avec pour envie d'apprendre des meilleurs. Cela m'a permis de reprendre confiance en moi et* **je me suis rendu compte que tous les entrepreneurs avaient des faiblesses et qu'il suffisait de s'entraîner ! »**

Les rituels QUI NOUS **STRUCTURENT**

Pour tenir la longueur lorsque l'on a des journées chargées, nous avons mis en place des routines bonnes pour notre santé et notre esprit ! **Certaines pourraient vous inspirer.**

Les rituels de Pauline

Nous prenons des milliers de décisions par jour. Mais elles ne sont pas toutes conscientes, nous sommes trop souvent en mode automatique. Instaurer des habitudes et des rituels sains m'a permis de faire des choix conscients, de mettre en place des outils pour réussir à tenir une bonne hygiène de vie dans le temps.

★ Le soir, je prépare mes habits pour le lendemain. J'en profite pour *checker* mon agenda en même temps et voir quels sont mes rendez-vous pour m'habiller en conséquence. Cela me permet de ne rien oublier, mais aussi d'indiquer à mon cerveau que la journée est finie. C'est un moment cliquet pour moi, très bénéfique, il met un point final à ma journée.

★ Je prends toujours un petit déjeuner protéiné : œufs, bacon, fromage blanc... Avec ça je ne vais pas me jeter à 11 heures sur un truc sucré ou *junk*. Ça me permet aussi de ne pas m'endormir sur mon ordi l'aprem !

★ Je refuse systématiquement le pain qu'on me propose. Cet aliment est très addictif pour moi et, si je commence à en manger, je ne m'arrête pas ! J'arrête aussi de grignoter sans réfléchir. Je pense que l'erreur au quotidien est de ne pas se poser ces questions : suis-je à l'aise avec mon corps ? Mon alimentation m'aide-t-elle à être en forme et prendre de bonnes décisions ? Si ce n'est pas le cas, il faut instaurer de nouveaux réflexes.

★ Je cours trois fois par semaine pour rester en forme. Je me récompense en amont en faisant un chocolat chaud noir sans sucre, ce qui me motive à fond pour me lever à 6 H 30 même par pluie ou vent !

Les rituels de Laury

★ La veille, je prépare aussi mes affaires comme Pauline. Je nettoie également à fond la pièce où je vais bosser le lendemain pour que visuellement tout soit bien ordonné et aussi *clean* dans ma tête !

★ Le matin, je prends un grand verre d'eau ou une infusion chaude ou froide avec des herbes que je trouve dans ma cuisine ou des restes de fruits. Je ne mange pas, ce micro jeûne me permet d'avoir un maximum d'énergie et d'enchaîner tous mes rendez-vous avant 13 heures, heure à laquelle j'ai très faim et où je prends une vraie pause !

★ Je prends mon vélo qu'il pleuve, qu'il vante ou qu'il neige pour faire tous mes rendez-vous de la journée, sortir à l'air est vital pour moi. Pendant ces trajets, je mets un écouteur et me branche sur des podcasts. En ce moment c'est *Le cœur sur la table* de Victoire Tuaillon, ou alors les podcasts méditatifs et philosophiques de Christophe André pour engager ma journée sereinement.

★ Le soir, je fais une séance de yoga méditatif sinon j'ai la cocote minute qui déborde ! J'écoute Petit Bambou ou 7Mind. *A minima,* je m'oblige à faire 10/15 min de relaxation pour laisser la journée derrière moi et visualiser positivement celle du lendemain. Le cerveau est un muscle, il faut l'entraîner à être zen !

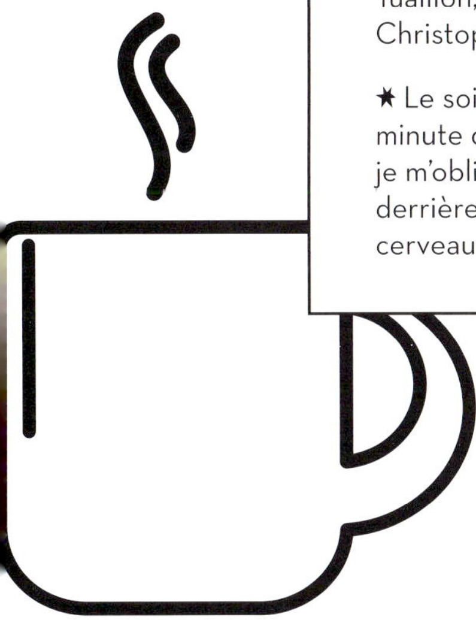

le tip de Pauline

Le pouvoir des habitudes de Charles Duhigg (Flammarion, 2016)

« Il m'a fait prendre conscience de mille et une chose que je ne décidais pas vraiment mais que je suivais par réflexe. Je l'ai écouté en courant. ***Beau message d'espoir pour changer ses mauvaises habitudes. »***

Envisagez **L'ÉCHEC** POSITIVEMENT !

Même lorsque l'on réussit, on passe par des moments difficiles. J'ai envie de vous partager ici **l'expérience de Pauline** qui a vécu un gros échec à ses 20 ans mais qui l'a fait devenir l'entrepreneure qu'elle est aujourd'hui !

“

Lorsque l'on me parle d'échec, une foule de ratages spectaculaires me viennent à l'esprit. Je pense à la première société que j'ai cofondée, TopAngle. Vous n'en avez jamais entendu parler ? C'est normal. TopAngle a été un fiasco de bout en bout : le produit était catastrophique, l'équipe était catastrophique et je ne vous parle même pas de notre exécution... catastrophique bien sûr. D'ailleurs, le projet n'a duré que quelques mois à tout casser. Bon débarras.

Ensuite, je pense à tous les projets que j'ai montés qui n'ont jamais abouti, je pense à toutes les erreurs que j'ai commises avec Gemmyo, mon entreprise actuelle, et à toutes les mauvaises décisions que je suis encore en train de prendre aujourd'hui.

Mais le véritable échec est celui qui m'a fait devenir la personne que je suis.

Depuis que j'ai environ 6 ans, mon père me répète que mon destin sera d'être quelqu'un d'extraordinaire, il a une vision très claire pour sa petite fille chérie : diplômes, succès, prestige...

Après des années de travail acharné, je suis admise à l'École normale supérieure. Prestige me voilà ! J'étais persuadée que, en y entrant, ma vie trouverait tout son sens. Eh bien, laissez-moi vous dire que je n'ai jamais été aussi malheureuse que le jour où j'ai franchi le seuil de l'école.

Alors je décide un jour de préparer le concours de l'ENA. Lorsque j'ai annoncé à ma famille que j'avais pris la décision de tenter ma chance là-bas – sans vocation aucune bien sûr – mon père était fou de joie. Arrive le jour du Grand Oral. J'ai travaillé comme une folle et, miracle, je suis admissible. Le jour du Grand Oral, j'ai 20 ans de fierté paternelle qui me pèsent sur les épaules. Le grand oral se passe bien ... enfin, c'est ce que je pense tout du moins. Je reçois un 2. Oui, 2 sur 20. L'échec est d'une violence inouïe.

Je passe les jours suivants à larmoyer et me complaire dans ma médiocrité. Je me trouve des excuses, je me justifie sans cesse. Enfin, alors que j'ai l'impression de toucher le fond, j'ai un déclic. Ou plus exactement, une vraie révélation.

Je rends compte pour la première fois que je vis depuis plus de 20 ans le rêve de quelqu'un d'autre. Je comprends que les membres du jury de l'ENA, alors même qu'ils ne m'avaient rencontrée que durant 45 minutes à peine, ont lu en moi comme dans un livre ouvert. Je comprends que cet échec est en fait la meilleure chose qui me soit arrivée.

Ce qui compte pour moi ce n'est ni le prestige, ni les diplômes. Je me fiche pas mal de la politique et du pouvoir. Ce que j'aime, ce qui me fait vibrer, c'est l'aventure, la liberté, le risque ! Pas vraiment ce qu'on trouve à l'ENA...

Ce jour-là, je me suis enfin rendue compte qu'il fallait que je cesse d'être une gentille fille à papa, que je grandisse un coup et que je commence à penser par moi-même.

Vous voyez, l'échec peut faire sens ; il peut même transformer une vie. Plus l'épreuve est rude, plus l'apprentissage sera important. L'échec force à prendre de la hauteur et à mettre les choses en perspective. Cette expérience est inestimable.

Bien sûr, tout échec public nécessite du courage : le courage d'accepter le poids de la honte, le courage d'avouer que vous avez fait tout ce qui était en votre pouvoir pour accomplir une tâche, mais que cela n'a tout simplement pas fonctionné. Il n'y a pas d'excuses. Vous venez d'échouer. Point barre.

N'oubliez jamais que cet échec est un excellent indicateur : il signifie simplement que vous avez pris un risque. Et dans un pays où ce mot a une connotation trop souvent péjorative, vous pouvez être fier de lui donner un nouveau sens positif. Parce que, pour moi, ne prendre aucun risque ce n'est pas être précautionneux, ce n'est pas être fin stratège. Pour moi, ne prendre aucun risque n'est qu'une forme de lâcheté.

Échouer, c'est prouver que vous n'êtes pas un lâche. ”

le livre à lire

Les vertus de l'échec de Charles Pépin (Pocket, 2018)

Et si c'était LE SYNDROME **DE L'IMPOSTEUR ?**

Ne pas se sentir assez légitime dans son projet ou minimiser ses talents, vous connaissez ? Parce que près de 70 % de la population mondiale ont déjà ressenti le syndrome de l'imposteur au moins une fois dans leur vie, on s'est dit que quelques conseils pour y faire face nous feraient du bien !

« Tout le monde va s'apercevoir que je ne suis pas assez douée. »
« Je suis ici vraiment par hasard, c'est un coup de chance… »
« Ce que je fais, tout le monde pourrait le faire ! »

Ces petites phrases charmantes, vous les avez déjà peut-être entendues trotter dans votre esprit. Mais, est-ce que c'est grave ?

En quoi cela consiste vraiment ?

Le syndrome de l'imposteur (qui n'est d'ailleurs pas du tout un syndrome ni une pathologie !) est un ensemble de pensées un peu assassines nous faisant croire que nos compétences, notre être, nous finalement, ne sont pas à la hauteur de la situation. Nous ressentons un véritable sentiment de ne pas mériter notre place, les compliments que l'on nous fait ou même que notre succès ne provient pas vraiment de nous.

Cette émotion peut être ressentie par n'importe qui, même si selon des études, les femmes y seraient plus sujettes, et en particulier les plus brillantes ou accumulant des succès ! Une étude démontre même que les hautes études ou le fait d'être surdoué enclenche plus souvent le syndrome de l'imposteur. Albert Einstein le ressentait même pour son travail : *« L'estime exagérée dans laquelle on tient mon travail me met parfois très mal à l'aise. Il me semble quelquefois être un escroc malgré moi. »*

Le syndrome de l'imposteur a été identifié en 1978 par Suzanne Imes et Pauline Rose Clance, deux psychologues cliniciennes américaines. Cette dernière a établi un test, pour savoir si vous souffrez plus ou moins de ce syndrome.

Répondez par une de ces cinq réponses.

Pas du tout vrai (1 point) · **Rarement** (2 points)
Parfois (3 points) · **Souvent** (4 points) · **Totalement vrai** (5 points)

1. J'ai souvent accompli avec succès un test ou une mission, en pensant que je n'en serai pas capable.

2. Je peux donner l'impression d'être plus compétent(e) que je ne le suis.

3. J'évite les évaluations autant que possible et j'ai peur du jugement des autres sur mes compétences.

4. Lorsque les autres me félicitent pour mes accomplissements, j'ai peur de ne pas répondre à leurs attentes futures.

5. Je pense que j'ai obtenu mon poste actuel ou mon succès parce que j'étais au bon endroit au bon moment ou que je connaissais les bonnes personnes.

6. J'ai peur que les personnes auxquelles je suis attaché(e) s'aperçoivent que je suis moins talentueux (se) qu'ils ne le pensent.

7. Je pense plus souvent aux situations dans lesquelles je n'ai pas donné le meilleur de moi-même qu'à celles où j'ai été le (a) plus performant(e).

8. J'accomplis rarement un projet aussi bien que je le souhaiterais.

9. Parfois, je pense que mon succès personnel ou professionnel est dû à une erreur.

10. Il est difficile pour moi d'accepter les compliments ou de reconnaître mon intelligence ou mes accomplissements.

11. Parfois, je pense que mon succès est dû à la chance.

12. Je suis déçu(e) par le bilan de mes accomplissements et je pense que j'aurais dû faire mieux ou plus.

13. Je m'inquiète parfois de ce que certains découvrent mon manque de connaissances ou de capacités.

14. J'ai souvent peur d'échouer à une nouvelle tâche alors que je suis généralement compétent(e) dans ce que je fais.

15. Lorsque j'ai réussi quelque chose avec succès et reçu des félicitations, j'ai peur de ne pas pouvoir réitérer ce succès.

16. Si je suis chaleureusement félicité(e) pour quelque chose que j'ai réalisé, j'ai tendance à en minimiser l'importance.

17. Je me compare souvent aux autres et j'ai l'impression qu'ils sont meilleurs que moi.

18. Souvent, je m'inquiète de ne pas réussir un projet ou une mission, même si tout le monde autour de moi est persuadé de mon succès.

19. Si je m'apprête à recevoir une promotion ou une reconnaissance, j'hésite à en parler avant que cela ne soit certain.

20. Je me sens mal et découragé(e) quand je ne suis pas le (la) meilleur(e) ou au moins au maximum des mes compétences dans la réalisation d'actions concrètes.

Faites vos comptes

Moins de 40 points : votre taux de syndrome d'imposture est faible, vous partez d'un bon pied !

Entre 40 et 60 points : votre taux est moyen, faites quelques exos pour tout anéantir.

Entre 61 et 80 : là, va falloir vous pencher sur le sujet…

Plus de 80 : vous êtes en plein dedans, retroussez vos manches !

Les solutions

Toutes ces pensées que vous venez d'identifier ne sont pas un problème, l'erreur est juste de penser qu'elles sont vraies. L'objectif est donc de vous dissocier d'elles.

1.

Prenez de la distance

★ Commencez par écrire les phrases qui viennent régulièrement encombrer votre esprit au moment où vous vous penchez sur votre projet. Puis, regardez-les avec recul (même avec humour si vous y arrivez !) et imaginez-vous en train de les gommer. À réaliser à chaque fois que le syndrome revient !

2.

Remémorez-vous vos succès

★ En période de doutes, vous avez besoin de regonfler votre confiance en vous. Prenez votre smartphone et faites une note vocale de tout ce que vous avez réussi professionnellement. Pensez aussi à toutes vos compétences, vos formations, vos expériences... Repensez aux nombreux dossiers que vous avez bouclés alors que vous n'y croyiez pas vraiment. Ce petit refresh devrait vous regonfler à bloc !

3.

Évaluez votre valeur

★ Si toutefois l'exercice précédent ne vous suffisait pas sur l'instant, allez plus loin en évaluant votre valeur professionnelle. Notez vos résultats selon votre corps de métier. Combien tombez-vous d'e-mails par jour ? Pouvez-vous chiffrer vos résultats ? Quels sont les retours de vos supérieurs ou collègues généralement ? Suivez-vous les deadlines ? Combien de projets pouvez-vous mener de front ?

le tip de Pauline

« Faites ***une petite note*** *sur votre ordinateur* ***listant toutes les fois où vous avez connu des succès*** *que vous pouvez vous attribuer.* ***Rappelez-vous que vous n'êtes pas plus nulle qu'un autre en repensant bien à ces moments-là ! »***

L'EXPÉRIENCE DE LAURY

J'ai énormément ressenti le syndrome de l'imposteur après mon expérience Miss France lorsque j'ai voulu être journaliste ! J'avais le sentiment de voler la place aux autres et d'être là juste parce que j'avais été Miss une année. Ce qui explique aussi pourquoi je suis retournée sur les bancs de l'école pour faire mon master de journalisme au CFPJ (Centre de formation et de perfectionnement des journalistes) ! C'était pour moi l'occasion de justifier le métier que j'avais toujours voulu le faire. ***Le syndrome de l'imposteur est un sentiment qui me suivra toujours, je dois souvent m'autoconvaincre que je suis là parce que je le mérite !*** La méditation m'aide à me sentir plus légitime et à m'apaiser.

4. *Ne vous projetez pas trop*

★ Si vous êtes sur le point d'ouvrir une entreprise ou de lancer votre projet, restez concentrée sur votre travail du jour. Le syndrome de l'imposteur vous pousse à écrire des scénarios dans le futur, à émettre des doutes sur l'avenir. Si vous êtes focus sur chacune de vos journées et que vous arrivez à ne pas vous éparpiller dans des « si » et des « oui mais », vous avez tout gagné. Pour cela, dites-vous STOP lorsque vous vous voyez partir et faites une petite marche arrière !

5. *Parlez-en*

★ Toutes les contrariétés ont besoin de sortir de votre maison intérieure ! Ouvrez les portes, les fenêtres et prenez un mégaphone ! Plus sérieusement, partagez vos doutes à votre entourage (mais attention ne choisissez pas les personnes qui sont encore plus anxieuses que vous !), parlez du syndrome de l'imposteur autour de vous. Cela vous permettra de vous sentir moins seule et par conséquent de « guérir » plus vite.

Trouvez VOS **MENTORS**

Mais aussi **écouter** des podcasts, **lisez** des biographies inspirantes ou des livres business !

Que vous décidiez de lancer un projet très ambitieux ou que vous ayez besoin de prendre de grandes décisions personnelles, **avoir un bon mentor est un allié précieux dans votre vie !** Pauline vous explique comment vous y prendre.

Distinguons d'abord le mentor de vie du mentor métier :

➜ le mentor métier peut se voir comme un expert qui va vous coacher ou vous donner des clés pour avancer plus vite dans un domaine ou un secteur d'activité précis.

➜ le mentor de vie aura un impact plus général sur votre carrière et les questions que vous vous posez.

1. *Pourquoi avoir un mentor métier ?*

★ Très utile au début de l'activité ou dans les grands changements ou évolution de votre projet, il va vous faire gagner un temps précieux là où vous perdrez un temps fou à trouver des réponses. Le business c'est comme un sport, apprendre à faire du ski tout seul est très laborieux alors qu'avec un bon coach, on gagne un temps précieux !

2. *Comment le choisir ?*

★ Ce coach a besoin de connaître votre métier, avoir vu ce qui marche ou ne marche pas pour vous donner des feedbacks ou des raccourcis.

★ Il est d'autant plus important si vous ne connaissez pas bien le secteur dans lequel vous vous lancez. En France, on ne cherche pas forcément à se faire accompagner. Avec Gemmyo, on s'est fait aider par plusieurs directeurs d'ateliers qui nous on fait gagner beaucoup de temps. Je leur demandais même de m'expliquer comment on fabriquait un bijou ! C'est une immense force à ne pas négliger.

★ Ne tirez pas au hasard votre mentor ! Trouvez quelqu'un qui apporte de la valeur à votre projet. Renseignez-vous sur son secteur. Ils n'ont pas tous envie de donner les clés de leur réussite et certains sont trop compétitifs. Une bonne piste ? Par exemple des stars d'hier, des personnalités en fin de carrière qui n'ont plus rien à prouver, connaissant parfaitement leur métier et qui aimeraient aider de jeunes entrepreneurs. (Ou les coachs de ses super stars !)

LE MENTOR DE VIE

C'est quelqu'un qui va vous donner des grands principes de vie et vous conseiller sur la discipline à avoir pour les suivre. Il est là pour vous aider à prendre les grandes décisions dans certains moments clés de votre vie. Pour se sentir bien avec son mentor de vie, il est préférable d'admirer son parcours et de partager ses valeurs ! Choisissez-le aussi en fonction de ce dont vous avez besoin de développer chez vous. Identifiez donc au préalable les valeurs qui vous sont chères et listez les personnes qui pourraient y correspondre.

3. *Quelle relation établir avec lui ?*

★ Trouver un mentor demande de faire beaucoup de rencontres, de se faire aimer, et d'entretenir la flamme ! Un peu comme trouver un mec !

★ Pas besoin d'être trop proche de lui, gardez un certain recul avec lui pour lui faire comprendre par exemple que les décisions restent toujours les vôtres.

★ Un mentor c'est aussi un échange : il faut qu'il soit motivé à vous conseiller ! À vous de voir comment, par exemple avec une participation financière ou non. Formalisez bien votre accord par écrit : une demi-journée par mois au début par exemple en échange d'une part de la société (2 % ou 3 % par exemple).

4. *Où le trouver ?*

★ Faites d'abord le tour de votre réseau.

★ Démarchez des personnalités que vous admirez au culot ! Si vous leur expliquez votre démarche, certains vous accorderont du temps.

★ Si vous ne trouvez pas, vous pouvez passer par un coach professionnel.

le tip de Pauline

Mes livres mentor

Principles : Life and Work
de Ray Dalio

The Effective Executive
de Peter F. Drucker

The Hard Thing about Hard Things
de Ben Horowitz

LE MENTOR DE LAURY

« Je me suis liée d'amitié avec un grand journaliste télé lors de mon expérience de Miss France en 2011. ***C'est lui qui m'a motivée à aller au bout de mes désirs, à faire du journalisme sportif, à suivre une formation au CFPJ... Je lui parle régulièrement lorsque j'ai des questionnements sur ma carrière.*** Il m'a aussi conseillée pour choisir ma maison d'édition ! »

Vie pro vs vie perso LE JUSTE ÉQUILIBRE !

C'est l'éternelle quête de tous les travailleurs... Arriver à garder du temps pour soi et ses proches tout en menant à bien tous ses projets professionnels. **Nous vous proposons quelques pistes de réflexions pour trouver la bonne balance.**

1. *Déléguez sérieusement*

★ Il faut vous dégager du temps avant toute chose. Commencez par lister les tâches que quelqu'un d'autre pourrait faire à votre place. Des plus simples aux plus complexes. Voyez large, essayez de ne pas rester dans le contrôle. On est tous remplaçables ! Trouvez alors le collaborateur ou la personne qui sera la mieux placée pour le faire à votre place. Briefez-la avec soin et surtout lâchez prise ! (et rendez-vous page 70 pour en savoir plus sur la méthode la plus efficace !)

2. *Planifiez vos journées*

★ Au lieu de commencer votre journée sur les chapeaux de roues et de vous dire que vous partirez plus tôt si vous bossez vite, organisez chaque heure. Dressez un planning vous permet d'avoir une vision claire de ce que vous avez à faire et du temps qu'il vous faudra pour le réaliser. Des minutes précieuses de gagnées et une occasion supplémentaire de prévoir des sorties (jetez un œil aux bons outils de productivité page 34).

3. *Dites stop pour de bon*

★ Vous êtes serviable, généreuse et prête à tout pour aider vos équipes ? Vous allez devoir dire stop aux abus. Commencez par refuser de renvoyer des e-mails prétendument perdus à tout bout de champ pour rendre service. Ne répétez pas trois fois les mêmes briefs aux personnes qui sont censées vous écouter... L'idée est de responsabiliser au mieux vos collaborateurs pour ne pas perdre votre temps.

le tip de Pauline

« Je fais 20 min de méditation tous les matins au réveil. ***C'est un moment que je m'accorde pour recharger mes batteries. Après, j'ai une énergie folle*** *et je me sens prête pour bosser car j'ai pris du temps pour moi. »*

81 %

DES FRANÇAIS

disent utiliser leur smartphone pendant les repas pris en famille ou en compagnie d'amis. Faites une détox !

4. *Fixez-vous des limites*

★ Vous avez tendance à partir trop tard le soir ? Ou à répondre à vos e-mails le week-end ? Ou pire, à commencer votre semaine de taf le dimanche soir pour prendre de l'avance ? Surveillez-vous et notez ce que vous pourriez réellement changer. Est-il possible de vous fixer une heure limite le soir et de vous y tenir ? Réduire vos réunions de 15 minutes chacune pour gagner du temps en fin de journée ? Ne pas booker un Zoom à 19 heures le vendredi ?

★ Notez vos objectifs à court et moyen terme et essayez de vous y tenir.

5. *Prévoyez des activités indéboulonnables !*

★ Vous regrettez de ne pas passer assez de temps avec vos enfants, en amoureux ou même toute seule ? Passez à l'action maintenant et inscrivez trois créneaux sur votre agenda ! Un massage dans un spa, une aprem' au parc et un resto en terrasse. Tout le monde est au courant ? C'est bon, vous ne pouvez plus faire marche arrière, une promesse est une promesse !

6. *Déconnectez-vous*

★ Gmail, Google docs, Slack, WhatsApp… arrêtez les notif' pour de bon en fermant VRAIMENT toutes vos applis et vos logiciels à une heure précise chaque soir et/ou le week-end. Ne soyez pas tentée de répondre à un prestataire (qui peut attendre) ou de checker vos e-mails alors que vous êtes en train de boire un verre avec vos amis. Soyez présente pendant vos temps persos. C'est ça aussi l'équilibre.

7. *Passez de VRAIES vacances*

★ Que ce soit Pauline ou moi, nous avons la même manière d'équilibrer nos vies : soit nous bossons à fond, soit nous prenons de longues vacances pour totalement déconnecter ! C'est-à-dire sans répondre à personne et en prenant le temps de lire, faire du sport, voir des amis… De véritables parenthèses où l'on prend le temps de vivre, de dormir, de flâner… Vous avez déjà essayé ?

Enregistrez un rappel
sur votre téléphone 15 min avant votre heure de départ **pour bien anticiper.**

Comment BOSSER **EN COUPLE** OU **EN FAMILLE** ?

Ça y est, vous avez choisi vos associés et êtes prête à démarrer votre activité ? Si vous travaillez en amoureux ou avec toute votre smala, voici quelques conseils que j'ai agrégés pour éviter les disputes !

1. *Définissez les rôles de chacun*

★ Lorsque l'on décide de monter une entreprise en couple ou en famille, il est essentiel de commencer par définir les rôles. Posez-vous d'abord cette question :

Quelles sont les forces de chacun ? Mettez-vous d'accord sur vos domaines de compétence et tâchez d'avoir une vision de vous-même alignée avec celle de vos collaborateurs car ce n'est pas toujours le cas !

Plus les responsabilités de chaque associé seront cadrées au départ, moins l'on risque de créer des conflits par la suite.

« Pour mon entreprise Gemmyo, je me suis associée avec mon mari car nous étions très complémentaires. Il est ingénieur et moi je suis dans le marketing, la compréhension du produit, la communication. Une entreprise ce n'est pas un brunch entre amis, on est là pour bosser. Chacun doit apporter de la valeur au projet. Il faut d'abord s'assurer que tous les associés ont les qualités requises car s'associer pour s'associer juste parce que l'on s'apprécie, ça n'a pas de sens. » Pauline

LAURY

« ***Que ce soit pour le restaurant*** Vida ***que l'on a monté ensemble ou pour notre appartement que nous avons conçu et aménagé tous les deux,*** notre couple s'est avéré être une véritable petite entreprise ! ***La clé du succès ?*** Ne pas empiéter sur la mission de l'autre. ***Il faut délimiter le territoire de chacun selon ses talents et s'y cantonner.*** Si l'on commence à empiéter sur la partie de l'autre, tout capote ! »

le tip de Pauline

*« **Faire une charte de bonne conduite.** Prendre quelques heures pour **aborder les scénarios catastrophes et noter quelles seront les portes de sortie.** Par exemple : on ne s'aime plus, on ne s'entend plus, la boîte coule… Il faut imaginer dès le départ qui quittera l'entreprise, comment… Avec mon mari, nous avons aussi noté dans cette charte que notre couple sera toujours plus important que notre entreprise. **C'est une sorte de promesse écrite noir sur blanc que l'on relit parfois pour ne pas se laisser submerger.** »*

2. *Renseignez-vous sur les droits liés au mariage*

★ Si vous êtes mariés sous le régime de la communauté des biens, sachez que lors de la cession de l'entreprise, la totalité de la vente entre dans le patrimoine commun. Vous faites donc moitié-moitié sur tout.

★ En revanche, si vous êtes mariés avec un contrat de séparation des biens, l'argent de la vente se répartit selon les parts décidées au départ. Réfléchissez donc bien avant de vous lancer !

3. *Protégez vos biens*

★ Pour éviter de mettre en péril les biens du couple, mieux vaut constituer une société à responsabilité limitée (EURL, SARL). La responsabilité est alors limitée au capital social et aux comptes courants. En cas de dettes, aucune menace ne pèse sur les biens du couple. Il n'en va pas de même lorsqu'on a opté pour l'entreprise individuelle (EI). Cela serait dommage de se retrouver tous sur la paille !

4. *Déclarez votre conjoint*

★ La loi n'interdit pas de faire travailler son mari ou sa femme gratuitement dans son entreprise. Mais attention ! Pensez bien qu'il n'a alors aucune **protection sociale**. Pour cela il existe le statut de **conjoint collaborateur** si la rémunération s'élève au minimum à 5 802 euros bruts par an chez les artisans et commerçants. Vous pouvez aussi opter pour le statut de salarié pour garder une bonne protection sociale !

5. *Assurez-vous*

★ Si vous bossez en couple, la précarité de votre boîte va devenir la précarité de votre foyer ! Faites donc bien attention d'assurer vos arrières ! Pour cela, une bonne mutuelle et un contrat de prévoyance vous protégeront en cas d'accident.

J'ai envie mais j'ai peur !

Peur de perdre une amitié ou un amoureux ? Effrayée à l'idée de parler boulot sous la couette ? C'est bien légitime ! Notre seul conseil avec Pauline : demandez-vous bien avant de commencer si ce projet a toutes les chances de son côté (compétences, temps accordé…) et s'il vous fait tous rêver au sein de votre « association ». Si vous êtes tous ultradéterminés, alors foncez et n'oubliez jamais vos priorités !

CHECK POINT

Avez-vous un mental de samouraï prêt à franchir toutes les marches du Machu Picchu pour lancer votre projet ? **Faites un point avec vous-même** après la lecture (et la mise en pratique !) de ce premier chapitre.

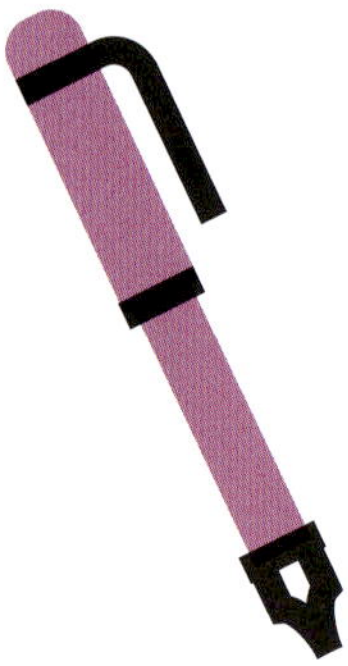

- [ ] Je suis prête à réaliser des choses que je n'ai jamais faites et qui me font même un peu peur ! **#challenge**
- [ ] J'accepte le fait de me planter et ça ne me paralyse pas. **#vertusdelechec**
- [ ] Je cultive ma confiance en moi chaque jour. **#meilleurdemoimeme**
- [ ] Je vais utiliser tout mon potentiel pour faire vivre mon projet. **#selfpower**
- [ ] Je suis consciente des enjeux et des priorités si je bosse en couple ou en famille. **#lovelife**
- [ ] Je me promets de bien veiller à mon équilibre pro-perso. **#goodvibes**
- [ ] Je vais tout mettre en place pour rester motivée ! **#onlacherien**
- [ ] J'ai déjà instauré des rituels qui me structurent. **#leboncadre**
- [ ] J'ai des premières pistes pour trouver un super mentor. **#coachdereve**
- [ ] J'ai conscience de mes compétences et je me rappelle toujours que j'ai de la valeur. **#psydenfer**
- [ ] Je suis en train de détoxifier toutes mes pensées négatives ! **#lavageexpress**
- [ ] Je suis prête à passer à l'action ! **#cestpartimonkiki**

Vous estimez avoir fait un bon score ?

On vous fait confiance ! Alors vous êtes READY pour le chapitre suivant !

Ce n'est pas encore ça ? Gribouillez vos objectifs ici et continuez vos exos, c'est pour bientôt !

PASSEZ **À L'ACTION !**

Ça y est, vous êtes entrée dans la course. Votre projet va passer du stade théorique à pratique. **Maintenant, vous allez devoir mettre un pied devant l'autre et commencer à bien organiser votre temps.** Choisir vos priorités, dégager des plages horaires ou trouver les outils de productivité qui vous conviennent le mieux pour bâtir les marches de votre activité.

C'est le moment où beaucoup de questions se bousculent dans votre tête. Par quoi commencer ? Quels sont mes objectifs à court terme ? Comment me faire connaître et imposer ma légitimité ? Comment financer mon projet ? **Parce que créer un business ne s'invente pas, voici nos conseils pour mettre toutes les chances de votre côté. GO !**

Par quoi **ON** COMMENCE ?!

Augmenter sa visibilité, créer sa communauté, se mettre à vendre… Beaucoup d'actions sont à mettre en place au début de votre activité et vous pouvez vite vous sentir dépassée.
Le conseil de Pauline : faites des choix pour rester efficace !

Parce que votre temps, votre argent, vos ressources, votre énergie sont limités, il faut concentrer vos efforts sur un objectif unique dans un premier temps. Et tant pis (et tant mieux !) si vous ne faites pas tout la première année. Le truc à éviter : se jeter partout, un peu tout faire… mais mal ! Il faut donc faire des choix, pour avoir de l'impact dans vos actions.

La première question à vous poser :

Concrètement, à court terme et moyen terme, comment est-ce que mon temps est le mieux consacré ? Cela dépendra de vos objectifs. Pour certains ce sera vivre en sous-marin pendant un an et demi, ne créer que du contenu et ne générer aucun chiffre d'affaires. Pour d'autres ce sera au contraire se concentrer sur la croissance du chiffre d'affaires rapidement.

Quel est donc votre objectif à un an ?

- ☐ Attirer une communauté
- ☐ Faire croître mon CA

Priorisez vos objectifs pour maximiser votre impact. Il ne faut généralement pas faire les deux en même temps car votre temps ne sera pas utilisé à 100 % correctement. Au final, vous risquez de perdre du temps !

Si vous devez créer une communauté avant tout, posez-vous trois nouvelles questions :

1. *Qui suis-je ?*

★ Demandez-vous quelle est votre marque de fabrique, votre singularité… pour trouver votre thématique éditoriale de communication :
Par exemple, Grégoire Gibault, connu sous le pseudo de Major Mouvement, a choisi de vulgariser la science médicale. Une ligne éditoriale très précise qui le conduit à cibler parfaitement un public et ainsi à faire croître avec succès sa communauté.

★ Exprimez de manière claire et limpide quels sont votre ton et votre valeur ajoutée.

★ Demandez-vous ce qui existe sur le marché et là où vous seriez différent des autres. Allez-vous communiquer sur le ton de l'humour ou au contraire de manière très sérieuse ?

2. *À qui je m'adresse ?*

★ Trouvez votre cible. Early adopters, famille, millennials… Au début, on a envie de s'adresser à la terre entière pour toucher le plus de monde possible, mais croyez-nous, ça ne fonctionne pas comme ça ! Trouver une cible et rester bien disciplinée dessus est l'une des clés d'une bonne communication. Les retours, le partage et l'engagement que vous allez avoir de vos *followers* seront bien plus forts que si vous vous adressez à trop de cibles différentes.

3. *Comment et quand je communique ?*

★ E-mails, relations presse, réseaux sociaux, influenceurs… Trouvez les moyens de communication qui correspondent le mieux à votre projet. Enfin, créez le contenu correspondant à chaque média choisi en planifiant des plages horaires larges pour les réaliser et les diffuser. Trois jours par semaine ? Quatre jours sur cinq ? Organisez-vous concrètement pour remplir votre objectif premier.

Si vous devez faire du chiffre d'affaires rapidement, travaillez davantage sur votre client potentiel :

1. *Qui est précisément mon client ?*

★ Vous devez dresser un *persona*, c'est-à-dire un client typique qui sera intéressé par votre produit. Demandez-vous quel serait son âge, son métier, son budget, ses habitudes de consommation, ce qu'il apprécierait dans le produit… Si votre travail est bien fait, vous allez avoir plein d'infos sur lui et pouvoir commencer à cibler la manière dont vous allez l'attirer vers vous.

l'expérience de Pauline

« Pour Gemmyo, nous avons cherché à cibler les amatrices de pierres de couleur (ce qui nous différencie des autres marques de joaillerie), une clientèle qui aime les pierres atypiques. ***Pour cela, nous avons activé des leviers précis comme des partenariats*** *avec des salons autour du monde des pierres, de la publicité dans les magazines spécialisés de joaillerie,* ***mais aussi un travail de référencement pour être pertinent dans les moteurs de recherche*** *sur les pierres que nous proposons.* ***Nous avons ainsi rapidement trouvé une première clientèle. »***

Une productivité AU TOP !

Pour gagner en efficacité et ne pas vous sentir noyée comme une plongeuse en eaux profondes, nous vous partageons ici nos meilleurs tips pour optimiser votre journée de travail. Ils nous aident tous les jours à être plus performantes.

L'erreur n° 1

Ne pas organiser ses journées est VRAIMENT la chose à ne pas faire lorsque l'on veut être productif. Pour planifier sa journée, posez-vous dès le matin cette question essentielle :

★ Quelles sont les trois grandes missions que je souhaite accomplir aujourd'hui ?

★ Qu'il pleuve, qu'il vante ou qu'il neige, vous devez impérativement les faire.

Cela a changé la vie de Pauline ! *« Je me faisais porter avant, tout me tombait dessus et j'essayais d'éteindre des feux à longueur de journée, en mode réactif. J'ai décidé de complètement inverser le paradigme et d'être maintenant au vent de la bouée comme disent les marins ! Aujourd'hui, je priorise et je note ces trois tâches importantes. »*

8 outils numériques pour bosser efficace

→ **Wunderlist :** un agenda virtuel qui permet de lister les tâches, mettre des rappels, les partager en équipe, faire des annotations...

→ **Slack :** un outil de collaboration qui permet de discuter par groupes et de communiquer de façon très fluide avec vos collaborateurs. Entièrement sécurisé donc idéal pour les discussions confidentielles !

→ **Momentum :** une extension à installer pour vous rappeler à l'ordre quand vous vous perdez sur le web. À chaque fois que vous ouvrez un nouvel onglet, elle va vous rappeler gentiment vos priorités ! Zéro excuse pour regarder votre prochain voyage ou faire vos courses sur le Net en pleine journée de travail !

C'est un peu votre bonne conscience qui vous parle avec une phrase sympa et une petite image en prime. Cela vous permettra de rester concentrée sur ce que vous devez faire.

→ **Trello :** un outil de gestion de projet qui vous permet de visualiser vos tâches et d'atteindre des sommets d'efficacité !

le tip de Pauline

*« **Lorsque je veux être dans ma bulle et hyperefficace,** j'écoute des sons blancs pour une concentration 100 % garantie. À retrouver sur les applis Headspace ou encore Noisly. »*

➜ **Boomerang for Gmail :** une extension formidable pour gérer sa boîte e-mail correctement. Elle permet de mettre une pause pour ne pas recevoir d'e-mails pendant des réunions importantes par exemple. Elle planifie aussi un envoi d'e-mails et aussi des relances automatiques pour vos clients, prestataires... Hyperpratique pour chasser des fournisseurs, des équipes, des journalistes, etc. Et c'est très facile d'utilisation.

➜ **Focus-to-do :** un outil pour vous permettre de décomposer votre travail grâce à une minuterie et ainsi de rester bien « focus ». On la fixe à 20 min par exemple et on coche les tâches terminées. Utile aussi pour s'accorder des pauses toutes les deux heures, sinon on risque de ne jamais en faire !

➜ **Expensify :** si vous êtes amenée à faire des notes de frais et que vous avez tendance à perdre tous vos reçus voire les passer à la machine à laver, alors il vous faut télécharger Expensify. Il suffit de photographier votre reçu avec votre téléphone et hop il est directement téléchargé sur une feuille de calcul pour vous faciliter vos comptes !

➜ **Inkflow :** un notebook virtuel très bien conçu pour ne jamais perdre ses idées quand notre cerveau fuse mais qu'on n'a pas forcément son bloc-notes dans la poche ! On écrit ou gribouille des schémas avec son doigt et hop on partage.

LAURY

« ***Je m'applique à choisir mes grandes missions de travail pour la semaine ou le mois à venir*** et à dire systématiquement non à tout ce qui entre de nouveau. ***Je veux rester focus sur mes priorités et que rien ne puisse me perturber.*** Cela s'avère très efficace et beaucoup moins stressant ! »

Réussissez VOTRE **BUSINESS PLAN**

On l'appelle aussi le plan d'affaires. Indispensable avant de commencer votre activité, il est le manuel de référence pour la piloter ! S'il est assez impressionnant au départ, (je vous vois déjà en train d'hyperventiler !), il est cependant accessible si vous révisez bien ces quelques principes de base avant de vous lancer.

1. *À quoi sert le business plan ?* (BP pour les intimes)

Structurer le projet d'activité en fixant ses grands principes

Présenter le projet à toute personne amenée à y contribuer

Vendre le projet à de potentiels investisseurs

Il comprend deux aspects majeurs :

➜ La présentation de l'entreprise et de son activité (partie descriptive)

➜ La présentation et évaluation de sa rentabilité (partie financière)

Il en énumère et développe les objectifs tout en exposant les moyens concrets de les atteindre.

C'est un document évolutif et itératif qui tient compte :

➜ des hypothèses

➜ de la conjoncture (offre et résultats du marché...)

➜ des avis et contributions extérieurs

Amené à faire ressortir les points faibles de votre projet au fil de sa construction, il permet de les effacer et de corriger les erreurs pour optimiser ses chances.

Besoin d'un bon coach ?

Retrouvez la formation Growth de Pauline « Construire et comprendre son business plan » sur www.growth-formation.le-gratin.fr

Important

Adaptez votre business plan en fonction de vos interlocuteurs et de ses critères de sélection.

2. *À qui s'adresse-t-il ?*

Le BP est un outil principalement dédié à deux types d'interlocuteurs :

➜ pour le pilotage : les contributeurs directs du projet (porteurs, associés, mentors…)

➜ pour la vente : les contributeurs indirects du projet (banquiers, investisseurs BA, partenaires…)

Il est prévu pour être utilisé dans les deux chronologies du projet :

➜ préparation (en amont, moyen terme)

➜ pérennisation (en aval, long terme)

Voici ses 7 destinataires : le bailleur de fonds, le porteur, les organismes de prêt, les business angels, les associés, les collaborateurs et le banquier.

Le business plan suit une structure type, commune à tous les projets. Il est cependant plus ou moins malléable et personnalisable.

Plus clair et plus pertinent est le BP… :

➜ plus il démontre le sérieux du porteur de projet

➜ plus il crédibilise le projet

➜ plus sa capacité de fédérer les aides est grande

Les 5 règles d'or de présentation

➜ **soigner l'orthographe et le style.**

➜ **vérifier et valider la justesse des infos.**

➜ **structurer, clarifier et aérer la présentation.**

➜ **faire ressortir les points forts (sans oublier les faibles)**

➜ **expliciter les termes techniques liés à votre activité**

Faites-vous CONNAÎTRE

Vous le savez, votre activité doit être connue du plus grand nombre pour pouvoir vivre. Vous devez acquérir de la visibilité pour trouver vos futurs clients. Pour cela, **voici les pistes essentielles à exploiter.**

1. *Vos propres réseaux privés et pro*

★ Commençons par le plus évident : parler de son projet à son entourage perso et pro. Demandez à vos amis, votre famille et vos connaissances de communiquer sur votre activité pour lancer un effet boule de neige. Souvent les premiers clients viennent de notre réseau proche, puis le bouche-à-oreille commence.

★ Ensuite, diffusez vos informations à votre réseau professionnel. Le plus large possible. Créez un e-mail type qui présente votre activité et n'hésitez pas à les relancer une à deux semaines plus tard pour savoir si cela les intéresse ou s'ils veulent en parler à leur tour autour d'eux pour vous donner un petit coup de pouce. Ne soyez pas trop réservée, plus vous aurez de l'audace et de la ténacité, plus les gens se mobiliseront pour vous aider. *A contrario*, si vous avez peur de déranger, vous collecterez moins de retours ! Trouvez le bon dosage.

2. *Les réseaux sociaux*

★ Le bon entrepreneur est celui qui sait sentir où va le vent, les réseaux sociaux sont changeants, il faut savoir les utiliser au bon moment. À vous de voir quels réseaux vont bien fonctionner avec votre activité mais attention ne vous attachez pas à un réseau social que vous aimez si les résultats ne sont pas là. Par exemple, aujourd'hui, Instagram est une vitrine essentielle à avoir mais n'apporte pas facilement de nouveaux clients car il est devenu beaucoup trop compétitif. Pensez aux autres réseaux comme Pinterest si votre activité est visuelle, LinkedIn ou Tik Tok... Soyez opportuniste dans le bon sens du terme !

3. *Le référencement naturel d'un contenu*

★ Aujourd'hui, le référencement naturel *via* des articles avec une stratégie SEO très efficace peut vous apporter un trafic de qualité incroyable. Mais il faut faire preuve de patience et investir du temps pour proposer de la qualité (rendez-vous page 56). Dans tous les cas, un site Internet avec un blog alimenté régulièrement est un des leviers les plus pertinents pour se faire connaître.

l'expérience de Pauline

« Au tout début de Gemmyo, nous avions ciblé une clientèle assez surprenante ! *Nous avions beaucoup d'appels d'hommes exploitants agricoles qui cherchaient des bagues pour leurs femmes et ne savaient pas comment s'y prendre.* ***Nous avons donc commencé à faire des partenariats et des pubs*** *dans des magazines agricoles. Ce qui paraissait absurde pour une marque de joaillerie de luxe !* ***Si l'on connaît vraiment bien ses clients, beaucoup d'idées nous viennent*** **pour les toucher et nous faire connaître. »**

4. *La pub*

Si vous avez levé des fonds pour votre activité, la publicité peut s'avérer intéressante si vous savez quoi communiquer, à qui et où ! Il faut être en adéquation avec votre produit (sa différenciation, sa valeur ajoutée) et son cœur de cible.

5. *Les partenariats*

★ Tout dépend de votre secteur d'activité, mais les partenariats peuvent être bons pour se faire connaître au début de son activité. Identifiez vos potentiels partenaires en veillant à ce qu'ils ne soient pas des concurrents pour vous. Proposez un échange « win-win », c'est-à-dire une collaboration qui vous apportera autant à vous qu'à eux.

6. *Les salons professionnels*

★ On n'y pense pas toujours, mais les salons regorgent d'entrepreneurs comme vous et moi avec qui il est toujours judicieux de parler pour provoquer des opportunités. Tentez aussi les salons liés à votre thématique, par exemple le salon du bien-être si vous avez une marque de bougie parfumée ! Vous saurez au cœur de votre cible. Participez également aux rencontres entre entrepreneurs, aux apéros pro...

LAURY

« ***Pour le lancement de ma ligne de vêtements Parisienne et Alors,*** ma communauté m'a beaucoup soutenue, elle a été le premier levier pour la faire connaître ! Mais j'ai aussi donné plus de temps à des médias engagés écologiquement, là où je n'avais pas l'habitude de ***communiquer pour partager les valeurs éthiques de la marque*** (podcasts, magazines, blogs...). Nous avons aussi travaillé avec une agence spécialisée pour faire agir le référencement naturel sur les moteurs de recherche. »

Financez VOTRE PROJET

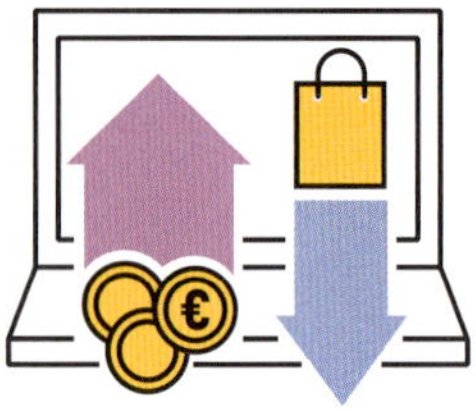

Se pose maintenant la question du financement ! Est-il possible de monter une entreprise sans fonds propres ? La réponse est oui ! **Hé hé ! On vous explique comment.**

Évaluez bien vos besoins financiers

Par peur de s'endetter, il arrive de sous-estimer la somme dont nous avons besoin pour lancer notre entreprise. C'est une erreur à ne pas faire car vous pouvez en être bien pénalisée ! **Nous vous conseillons de faire une check-list des différents postes de dépense :**

- → Achats de marchandise
- → Petit équipement
- → Fournitures administratives
- → Énergie (électricité, eau, gaz)
- → Loyers immobiliers
- → Entretien immobilier
- → Assurances professionnelles
- → Abonnement Internet et téléphone
- → Honoraires des conseillers type comptable
- → Frais bancaires
- → Publicité
- → Déplacements
- → Sous-traitance

À ces dépenses prévisionnelles liées aux achats et frais externes s'ajoutent celles liées aux salaires si vous avez décidé de vous salarier immédiatement ainsi que les charges de votre entreprise (cotisations, impôts sur les sociétés...).

Vous avez déjà mal à la tête ? C'est normal, ne paniquez pas ! Une fois votre prévisionnel des dépenses dressé, vous serez à même de réaliser votre business plan (nous vous conseillons de vous faire aider par un pro car ce n'est pas une mince affaire au départ !) et donc de connaître la somme que vous aurez besoin de trouver.

Les pistes pour financer votre activité :

1. *Décrochez des aides*

Il existe pas mal d'aides pour lancer son entreprise. Pour y prétendre, il vous faut faire un bon dossier et le défendre devant un jury (rendez-vous page 54 pour une présentation orale qui dépote).

Contactez par exemple la chambre de commerce et d'industrie (CCI) de votre département pour faire une demande de prêts d'honneur à taux zéro. L'avantage de ces prêts d'honneur est qu'il facilite vos demandes de prêts bancaires si vous désirez cumuler.

LAURY

« ***J'ai toujours autofinancé mes projets. Je pars d'une somme raisonnable*** et j'accepte à l'avance de la perdre si ça ne fonctionne pas. Psychologiquement c'est important ! ***Je prends un risque financier moyen, mais rassurant.*** »

2. *Trouvez du love money*

En dessous de 100 000 €, vous pouvez faire appel à du love money. Il s'agit de contacter les personnes de votre entourage qui vous connaissent et croient en votre projet. Faites un listing de personnes susceptibles de vous aider, contactez-les et demandez-leur également de vous présenter d'autres personnes. En échange, vous pouvez leur donner des parts (10 ou 15 % en tout). C'est un financement assez rapide qu'il faut en revanche encadrer par un contrat pour éviter les sources de conflit.

3. *Demandez un prêt bancaire*

Si votre business plan est élaboré avec soin, vous aurez la chance de pouvoir prétendre à un prêt bancaire. Contactez plusieurs établissements pour comparer les offres. Faites aussi jouer la concurrence.

4. *Testez le crowdfunding*

Ce financement participatif est très tendance en ce moment mais attention il demande beaucoup de temps pour agréger une communauté intéressée à investir dans votre projet. Trouvez la plateforme digitale qui vous convient le mieux en regardant leurs commissions, leurs spécialités, etc.

5. *Faites une levée de fonds*

On entend souvent parler dans les médias de sommes incroyables levées par des start-up innovantes. Mais c'est finalement assez rare et dans des domaines très précis. Vous pouvez toutefois faire appel à des investisseurs (business angels...) et partager votre capital. Prenez bien en compte cependant que vos futurs associés vont alors avoir leur mot à dire sur vos prochains choix et que votre entreprise ne vous appartiendra plus à 100 %.

le tip de Pauline

« Au lancement de Gemmyo, ***nous avons d'abord contacté notre entourage et trouvé des business angels professionnels*** *nous donnant 250 000 € de mise de départ, en échange de quoi nous leur avons ouvert notre capital. »*

Quand lancer VOTRE BUSINESS ?

Faut-il attendre un moment précis pour se jeter à fond dans l'entrepreneuriat ? Un mois de l'année ? Une période propice dans sa vie ? Un âge idéal ?

Alors que les créations d'entreprises rencontrent un boom en pleine période de crise sanitaire, on se demande s'il y a réellement de bons ou de mauvais moments pour lancer son projet... Certains pensent qu'il faut surfer sur les périodes de grand bouleversement, quand d'autres, *a contrario*, estiment qu'il faut attendre des jours meilleurs.

1. *À quel âge ?*

★ On entend souvent qu'il faut avoir acquis une certaine expérience pour se lancer en solo, qu'il ne faut pas démarrer trop jeune. Mais si l'on attend plus tard, d'autres problèmes se poseront comme la vie familiale par exemple ou les obligations financières. L'avantage de commencer jeune est que l'on est ouvert à tous les sacrifices et aux heures de travail à rallonge, ce qui est incontournable au début d'une activité.

★ À l'inverse, lancer une activité à 30 ou 40 ans permet d'éviter de se planter sur certains choix et de prendre des décisions plus réfléchies. Le réseau relationnel est aussi plus vaste et peut donc présenter de nombreux avantages.

Selon nous, l'âge n'est donc pas déterminant, chaque période de la vie présente ses bons et moins bons côtés, à vous de savoir en faire une force !

2. *À quelle période de l'année ?*

★ Il n'y a pas de période propice pour lancer son projet, si ce n'est un projet lié à une saisonnalité ou à des événements d'actualité qui pourraient le booster (périodes des fêtes, rentrée des classes, compétitions sportives...). Dans ces cas-là, bien sûr à vous de voir sur quel calendrier d'événements vous désirez surfer. Pensez à démarrer votre activité bien en amont de cette période propice pour être prêts au bon moment et ne pas vous retrouver en panne de prestataires ou de produits alors que vos clients sont en demande !

★ Enfin, considérez les grandes vacances d'été comme un moment plutôt creux pour créer des partenariats ou rencontrer des prospects. En revanche, vous pouvez profiter de l'été pour faire votre site Internet, nourrir vos réseaux sociaux, préparez vos newsletters et être ainsi sur les starting-blocks à la rentrée au moment de démarcher.

le tip de Pauline

« ***Je dirais qu'il faut être prêt psychologiquement ! Savoir que c'est un choix de vie au-delà d'un choix professionnel.*** *Votre projet va passer devant quasiment tous les autres pendant au moins deux ou trois ans. Il faut avoir du temps, de l'énergie, être dans un bon mood ! C'est comme tomber amoureux ! Cela demande d'avoir l'esprit ouvert à la rencontre, aux découvertes. Mais aussi, je dirai qu'il faut lancer son business quand on souffre de ne pas le faire.* »

3. Et en période de crise ?

★ Pendant le Covid-19, beaucoup de personnes estimaient qu'il ne fallait pas créer sa boîte. Et pourtant, il y a eu un véritable boom de créations d'entreprises ! Les périodes de crise ne sont pas à fuir pour se lancer dans l'entrepreneuriat et offrent même des possibilités nouvelles. La majorité des entreprises réduit ses effectifs et ses coûts de fonctionnement, ce qui laisse de la place aux jeunes entrepreneurs pour proposer leurs offres.

★ Encore une fois, selon votre secteur d'activité, des opportunités peuvent émerger. À vous de prendre le temps d'y réfléchir, de les lister et de bien les considérer.

4. Après une rupture, une maladie, un licenciement… ?

★ Les grands obstacles de la vie sont souvent les moments où l'on a envie de se donner une seconde chance, d'aller à l'encontre de nos vrais besoins. Là encore, il n'y a pas de règle, si ce n'est vous sentir traversée par une envie démesurée et une grande force pour y arriver. L'action est guérisseuse, nous vous conseillons donc de foncer, mais surtout pas la tête baissée ! Ne partez pas sur un coup de tête mais plutôt parce que vos tripes vous le réclament et que votre envie est sincère et profonde. N'oubliez pas que vous devez tenir sur la longueur, et pour cela, vous devez être animée d'une volonté indéboulonnable ! Si votre projet est bien réfléchi, vous aurez toutes les chances d'y arriver.

LAURY

« ***Je pense qu'il faut lancer ses projets à l'instinct, de manière spontanée !*** Il est bon de suivre ses intuitions au moment où elles arrivent. C'est souvent comme ça que ça marche. Et ne pas trop réfléchir. Trop de réflexion tue l'action. Alors foncez ! »

850 000

C'est le nombre d'entreprises qui ont été créées en 2020 en plein plein Covid-19 soit presque 35 000 de plus qu'en 2019.

Comment INCARNER **VOTRE PROJET ?**

Que vous vendiez un produit ou proposiez un service, la tendance aujourd'hui est de montrer son visage et se mettre en scène pour humaniser son activité (nous savons de quoi nous parlons !). Oui, mais voilà, comment s'y prendre ? Et si ce n'est vraiment pas notre truc, on fait comment ?

Aujourd'hui incarner sa marque fait partie des accélérateurs sur les réseaux sociaux. L'engagement y est généralement plus fort. Mais il est bien sûr tout à fait possible de lancer son activité sans l'incarner même si, à l'heure actuelle, le processus va être selon nous un petit peu plus difficile !

Faire connaître l'envers du décor, permettre aux gens de mieux s'identifier à ce que l'on vend, humaniser un produit, créer de l'émotion… Nous connaissons tous globalement les vertus d'un visage et d'une personnalité qui incarne une marque ou un service. Mais il n'y a pas qu'une manière de le faire. Rassurez-vous !

Tout le monde est persuadé que faire de l'influence c'est se montrer en face cam et raconter sa vie et ses galères. Mais non ! Il y a plein de façons de se mettre en scène et aussi de manière plus discrète, comme de ne pas toujours montrer son visage, écrire plutôt des textes… pour rester dans le rêve et le désir.
Pas très à l'aise avec votre visage filmé à l'arrache en mode selfie ? Vous pouvez décider d'utiliser une manière subtile et esthétique d'incarner votre marque, qui corresponde à votre vision artistique. Demandez-vous d'abord : comment puis-je parler de ma marque, de mon activité en y mettant un peu de moi ? L'important est d'être authentique.

La bonne stratégie : vous pouvez commencer par incarner votre marque à ses débuts, par exemple la première année, pour créer plus d'engagement, ce qui sera valorisé par les réseaux sociaux qui vont mettre plus de portée organique sur tous les contenus que vous allez créer (bien sûr si ceux-ci sont plus engageants !). Puis, au fil du temps, si votre communauté s'agrandit convenablement, il vous suffira de faire de moins en moins d'apparitions et de vous éclipser au profit d'une communication moins incarnée.

Vous vous lancez ?

« Lorsque j'ai fait ma première face cam c'était au Salon des Entrepreneurs, je me suis sentie tellement ridicule ! J'avais l'impression que tout le monde me regardait alors que personne n'en avait rien à faire. Puis avec la pratique, j'ai trouvé ma voie, ma touche et ça a fonctionné. Il faut trouver ce qui nous ressemble avant tout. » Ce qu'explique Pauline est primordial, ne vous attendez pas à être parfaite et surtout satisfaite de vous dès vos premiers contenus. Testez, testez et testez encore !

L'EXPÉRIENCE DE LAURY

«Je m'y suis reprise à plusieurs fois pour savoir comment incarner Parisienne et Alors. Ne venant pas du tout du milieu de la mode, je me suis posée beaucoup de questions sur la manière dont j'allais en parler. ***J'ai choisi de raconter les valeurs de la marque plutôt que d'en être seulement un porte-manteau !*** Je voulais aussi mettre en avant le côté entrepreneurial du projet, les coulisses. Mais pas seulement les bons côtés, plutôt montrer que ce n'était pas toujours rose, qu'il y a des galères et des échecs derrière chaque succès. ***Aujourd'hui c'est cette transparence que je veux mettre en avant dans mon discours.***

« Physiquement parlant », j'ai commencé à porter les vêtements moi-même au départ, et au bout de quelques temps, ***j'ai préféré multiplier les mannequins qui avaient d'autres physiques que le mien pour incarner plusieurs types de beauté. »***

L'art de BIEN VENDRE

Que vous proposiez un produit ou un service, vous allez devoir passer par la vente. Si certaines personnes sont très à l'aise avec, d'autres ont plus de mal. Grâce à son expérience de 10 ans dans la vente, Pauline est devenue une experte ! Voici ses conseils.

Personnellement, même si je suis de nature introvertie à la base, j'ai toujours aimé vendre ! La vente est l'une des compétences les plus incomprises. D'un côté, c'est une activité vitale de toute entreprise et de tout projet. Sans vente, pas de chiffre d'affaires. De l'autre côté, la vente véhicule de nombreuses idées reçues. On imagine que pour être un bon vendeur, il faut aimer manipuler les gens et savoir convaincre son prospect de faire ce qu'il n'a pas envie.

Il est parfois difficile de se dépêtrer de ces clichés et de cette image du vendeur de tapis tant elle est ancrée dans notre inconscient collectif !

1. *Établissez une relation d'égal à égal*

★ La première chose à comprendre est que vendre ce n'est pas demander une faveur. C'est une transaction qui se fait dans les deux sens. D'un côté, le vendeur présente une solution sur laquelle il a travaillé, engagé des ressources et dont il est fier. De l'autre, le prospect est à la recherche d'une solution pour un problème douloureux qu'il rencontre. Si la solution semble convenir à son besoin, il donnera son argent en échange bien volontiers.

En raisonnant ainsi, on comprend que vendre, ce n'est pas demander un service, mais rendre un service !

★ J'ai souvent eu l'occasion d'échanger avec des entrepreneurs qui ressentent un blocage à l'idée de vendre. Lorsqu'ils vendent, ils me disent avoir l'impression de demander un service à leur prospect, ce qui les rend inconfortables avec l'exercice. D'entrée, ils se mettent en position d'infériorité et attendent de leur prospect qu'il ait la gentillesse de s'intéresser à leur produit.

2. *Soyez généreuse dans votre vente*

★ Un bon vendeur ne cherche pas à arnaquer ses clients en leur vendant des choses dont ils n'ont pas besoin. C'est tout le contraire. Il comprend que son intérêt personnel est aligné avec celui de ses clients. Si ceux-ci sont heureux par les produits proposés, ils vont revenir et en parleront autour d'eux. Une relation humaine de confiance va s'établir et le vendeur aura gagné un client fidèle sur le long terme.

Cela veut aussi dire qu'il ne faut pas avoir peur de dire non à une vente ! Si vous pensez que votre solution n'est pas adaptée au besoin de votre prospect, jouez cartes sur table et dites-lui. Votre prospect se rendra compte que vous êtes réellement à son service et que vous prenez son besoin à cœur. Le jour où il aura besoin de vous, il viendra vers vous sans hésiter.

3. *Faites la différence entre stratégie et tactique*

★ Mon expérience m'a également permis de bien comprendre la distinction entre la stratégie et les tactiques de vente.

Si vous souhaitez devenir un bon vendeur, vous avez besoin de maîtriser ces deux piliers mais de focaliser majoritairement votre attention sur la stratégie. La stratégie consiste à créer un système pour répondre aux souffrances de vos clients dans le temps.

L'enjeu est de parvenir à :

➜ Comprendre les vrais besoins de vos futurs clients

➜ Construire des offres pour y répondre

➜ Placer ces offres en face de vos prospects, de manière régulière dans la durée

★ Construire sa stratégie de vente prend du temps. C'est un processus qui demande de parfaitement connaître ses clients et faire de nombreuses expérimentations pour trouver la formule qui vise le plus juste. Cette étape est couramment négligée parce que souvent on se contente de la tactique. Ne mettons pas la charrue avant les bœufs !

4. *Captez la psychologie humaine*

★ Comprendre la psychologie humaine vous sera utile pour rassurer votre client et dissiper ses objections. Attention toutefois, il ne s'agit pas de manipuler. Mais d'éclairer sur les usages de notre solution et montrer que nos peurs sont souvent irrationnelles.

LAURY

« ***Je ne parle jamais de prix ou de réduction pour Parisienne et alors*** lorsque je communique sur les réseaux sociaux. Je n'aime pas du tout ça ! ***Je préfère parler des vêtements, de leur conception éthique, de leurs matières en fibres naturelles…*** Je m'appuie sur ***les désirs des clientes et sur leur volonté de consommer différemment,*** je leur demande ce qu'elles aimeraient voir bientôt dans les collections plutôt que sur une technique de vente poussive ou cavalière. »

le tip de Pauline

« N'oublions jamais qu'une vente est avant tout une relation humaine, de confiance, *qui se construit sur le long terme. »*

Les bases D'UNE BONNE ***NÉGO***

Obtenir ce que l'on veut dans une négociation n'est pas toujours facile, surtout lorsque l'on débute. Une bonne prépa est indispensable pour rester centrée sur ses objectifs et faire preuve de réactivité.

1. *Fixez vos limites avant*

★ Avant de commencer une négociation, il est essentiel de fixer votre limite financière pour ne pas vous faire emmener trop loin. Pensez aussi à ce que vous pouvez donner ou proposer de plus, au-delà de l'aspect financier, qui pourrait jouer dans votre accord.

Pauline : « Beaucoup de jeunes entrepreneurs font l'erreur de ne pas se poser cette question avant de commencer. Résultat : ils ne maîtrisent plus la négociation au bout de quelques échanges et ne savent plus vraiment ce qu'ils voulaient obtenir. »

2. *Comprenez les besoins de l'autre*

★ Au-delà de l'aspect financier, la personne avec qui vous négociez a des intérêts à collaborer avec vous. Réfléchissez à ce qui compte réellement pour elle et proposez-lui des solutions créatives.

Pauline : « Nous avons fait de l'affichage dans le métro avec Gemmyo. Je m'étais fixé une limite budgétaire pour la campagne que je trouvais raisonnable. Je me suis demandé ce qui intéressait le métro parisien dans le but d'obtenir un maximum de pub avec mon budget. À l'époque ils avaient peu de campagnes de marques de luxe et de e-commerçants. Je les ai alors contactés et leur ai proposé de jouer le rôle de témoin, c'est-à-dire d'expliquer à quel point cela nous est bénéfique de faire de la pub dans le métro et ce que cela apporte à Gemmyo. En échange de quoi, je leur demandais des tarifs préférentiels. C'était donc un accord gagnant-gagnant qui a très bien fonctionné. Dans une négociation, il faut toujours se mettre à la place de l'autre. »

2 objectifs à atteindre

1. La satisfaction des deux parties
2. Un climat de confiance avec votre interlocuteur

Les erreurs à éviter

➜ Ne pas considérer les objections de son client. Votre écoute doit être attentive et empathique.

➜ S'agacer lorsque vous estimez que votre travail est mal valorisé. Ne prenez pas les choses personnellement, il s'agit d'un « jeu » dont vous devez sortir gagnante.

➜ Trop hésiter. Soyez clair et précise dans vos demandes, mais aussi dans vos réponses. Ne laissez entrevoir aucune brèche !

3. *Réfléchissez à vos arguments*

★ La négociation inclut aussi des deadlines à fixer, des exigences de la part d'un client par exemple, des concessions à faire, etc... Prenez le temps de lister vos points à négocier mais aussi vos arguments et contre-arguments ainsi que les objections potentielles de votre interlocuteur. Cela vous donnera plus d'assurance et d'aptitude à mener la discussion et sortir la bonne parade.

Laury : « Je mettais beaucoup trop d'affect avant dans la négociation ! J'ai donc choisi quelqu'un pour discuter à ma place. Mais je ne perds pas pour autant le fil des échanges. C'est un bon moyen pour prendre du recul. »

4. *Faites entrer la dimension humaine*

★ Quand on démarre et que l'on cherche des investisseurs ou des partenaires par exemple, il faut avoir en tête que les gens font un pari sur nous. L'humain compte donc à 1000 % ! Les e-mails ne suffisent pas, il faut rencontrer les personnes physiquement, s'intéresser à eux, être tout simplement sympa ! Cela peut jouer considérablement dans vos prochaines négociations.

Pauline : « Avec Gemmyo, c'est uniquement lorsque j'ai pu rencontrer des personnes des ateliers de joaillerie, que j'ai pu nouer des partenariats. Il faut faire entrer l'affect. »

5. *Résistez et obtenez*

★ Le plus difficile dans une négociation est de trouver le bon équilibre ! Résister pour obtenir ce que l'on veut mais aussi lâcher du lest pour ne pas braquer notre interlocuteur et risquer de tout perdre. Un conseil : ne cédez pas trop vite tout de suite. Si l'on vous demande de faire un effort, proposez un effort modéré. Si vous devez faire une concession, demandez d'obtenir une contrepartie. La clé de tout cela ? Pensez que votre travail, votre temps et votre énergie ont une valeur, ne revoyez pas tout cela trop à la baisse ! Soyez sûre de vos compétences et de vos offres.

Laury : « Ne soyez pas trop gourmand dans votre négociation, soyez équilibrée et juste pour ne pas vous mettre une pression énorme et surtout fidéliser les clients. »

Constituez UNE ÉQUIPE **AU TOP**

Avoir une bonne team est un challenge du quotidien !
Mais, bonne nouvelle, si vous suivez ces quelques fondamentaux, votre équipe va fonctionner comme sur des roulettes !

1. *À chacun sa mission*

★ La première chose à faire est de définir très précisément la mission des personnes que vous recrutez.

★ L'erreur souvent commise : on recrute car on est débordé et dans la précipitation, on donne du travail au fil de l'eau à son nouveau collaborateur qui ne sait pas vraiment quels sont ses objectifs et ses actions à faire au quotidien. Résultat : difficile pour lui de se sentir investi et animé par un but !

2. *Tous dans la même direction*

★ Il est primordial de cultiver un esprit d'équipe. Vous devez faire en sorte que votre équipe fasse corps, qu'elle se batte pour les mêmes buts, que tout le monde aille dans le même sens. Cette direction, c'est à vous de leur donner. Imaginez que vous êtes une entraîneuse sportive et que tous les membres de votre équipe doivent jouer ensemble pour gagner une même victoire. Il vous faut des attaquants et de défenseurs qui se démènent pour vaincre le même adversaire ! Et c'est à vous de fixer les règles, de partager votre vision !

3. *Toujours soutenus*

★ Une équipe efficace bénéficie d'un soutien sans faille de leur manager. Encore une fois, c'est à vous de jouer. Vous devez mettre à la disposition de vos collaborateurs tous les moyens nécessaires afin qu'ils assurent leurs missions. Que ce soit des outils de gestion de projet (voir page 44), des formations, des conseils ou de l'écoute au quotidien, vous devez être toujours là pour les aider à avancer et les motiver.

Et si on se lâchait ?

Pour souder une équipe, il faut aussi faire sauter les élastiques ! Les emmener dans une bonne brasserie bretonne avec des crêpes et du cidre et apprendre à les connaître ! Il est important de les voir loin des bureaux et des codes de travail pour se recentrer sur les êtres humains qu'ils sont derrière tout cela ! Parlez avec eux comme à de bons amis, dites les choses en face, il n'y a rien de mieux pour que ça fonctionne.

4. *Vers une vraie autonomie*

★ Afin que votre team ne se sente pas traquée ou infantilisée (c'est parfois le cas dans des entreprises où les managers ne savent pas faire confiance !), il faut les guider vers une véritable autonomie. Vous devez les rendre capables de trouver des solutions par eux-mêmes, de prendre des initiatives, d'avoir des idées, de définir – pourquoi pas ? – de nouveaux process... Plus ils se sentiront légitimes et indépendants dans leur mission, plus ils auront envie de donner le meilleur d'eux-mêmes au sein du projet.

5. *Une communication fine*

★ Pensez bien à établir une communication dans les deux sens au sein de votre équipe. Réalisez de bons feedbacks (voir page 71) mais laissez-leur aussi la possibilité de vous parler régulièrement. Ils doivent se sentir libres de venir vous donner leurs avis, leurs sentiments, mais aussi de parler des problèmes qu'ils rencontrent. Pensez aussi à les faire communiquer entre eux, cela paraît évident, mais parfois certains collaborateurs, ne travaillant pas à côté, se parlent très peu ! Pour cela, organisez des réunions d'équipe.

LAURY

« ***Il faut considérer chaque membre de l'équipe au même niveau.*** Toutes les bonnes idées sont à prendre, que ce soit d'avoir ajouté du sucre de canne dans cette recette ou d'avoir une vision marketing innovante, on avance tous ensemble, ***chacun à son poste, comme une équipe de foot !*** »

Managez UNE ÉQUIPE ***À DISTANCE***

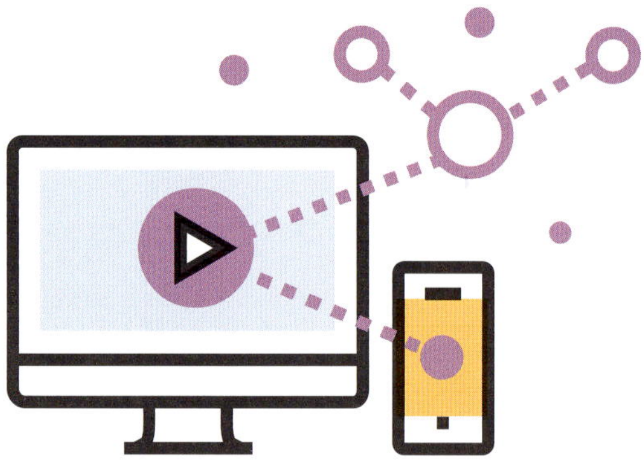

Parce que vous n'avez pas investi dans des bureaux ou que la crise sanitaire l'oblige, vous êtes confrontée au management à distance. Un exercice pas si simple qu'il faut structurer dès le départ. Les conseils de Pauline.

1. *Cadrez vos collaborateurs*

★ Lorsque l'on manage à distance, on reçoit un nombre incalculable de notifications de la part de nos collaborateurs habitués jusqu'alors à vous poser des questions de vive voix au bureau dès qu'ils en avaient l'occasion. Notre conseil ? Leur demander de centraliser leurs questions sur une plage horaire et un jour précis afin de vous dégager du temps pour votre propre travail.

2. *Organisez des points*

★ Une fois par semaine, appelez vos collaborateurs pour faire un point avec eux. Demandez-leur s'ils rencontrent des problèmes et comment vous pouvez les aider à mieux avancer. C'est un petit process simple qui va vous permettre de concentrer votre temps de management.

le tip de Pauline

« Je suis très favorable au télétravail, quelques jours par semaine, pour se concentrer sur des sujets. ***Mais je pense que le 100 % de télétravail est difficile,*** *nous devons garder un lien humain. »*

Respectez les horaires

Lorsque l'on travaille à distance, on a tendance à oublier les horaires de bureau. Le risque ? Contacter nos collaborateurs en dehors de leurs heures de travail. Un message sur Slack, un WhatsApp, un petit SMS… Si cela ne vous paraît pas si grave (après tout, je ne lui demande pas de me répondre tout de suite !), mais cela peut être assez stressant pour vos collaborateurs qui, s'ils ont une bonne conscience professionnelle, vous répondront rapidement. Considérez donc dès le départ qu'ils ne sont pas dispo en dehors des heures « normales ». Ils seront d'autant plus efficaces qu'ils se sentiront respectés.

4. *Entretenez le lien d'équipe*

★ En télétravail, on arrive à maintenir des relations bilatérales mais bien souvent le sentiment d'appartenance à une équipe disparaît au fil du temps. Il est alors important de créer des repères sociaux en proposant une réunion d'équipe une fois par semaine. Un collaborateur tout seul chez lui peut vite se désinvestir de votre entreprise par la force des choses. Votre rôle est donc de rassembler tout le monde… à distance !

3. *Prenez de leurs nouvelles*

★ Le plus important au sein d'une team est de montrer à ses collaborateurs qu'on les considère. Pas toujours évident en télétravail nous direz-vous ! Une solution : appelez une fois par jour chaque membre de votre équipe pour prendre de leurs nouvelles et s'intéresser à leur travail de la journée. Rien de tel pour rester soudés et leur insuffler un peu de motivation !

LAURY

« ***La première règle pour réussir à gérer une équipe à distance c'est de ne pas se sentir indispensable et de faire confiance à ses collaborateurs.*** Il faut les laisser apporter leurs idées, leurs énergies, les laisser libre de faire par eux-mêmes, ce qui permet aussi au manager de se réinventer et d'appliquer même ***de nouvelles méthodes grâce à eux.*** »

Développez VOTRE ***LEADERSHIP***

Qu'est-ce qu'un bon leader ? Et comment le devenir ?
Que vous soyez manageuse, entrepreneure mais aussi mère de famille ou membre d'une association, vous aurez besoin à un moment ou à un autre d'embarquer les autres avec vous, et de manière juste et efficace.

Être un bon leader selon Pauline :

- ➜ Ne pas imposer sa loi
- ➜ Ne pas puiser sa légitimité d'un organigramme ou d'un titre
- ➜ Être humble et à l'écoute
- ➜ Savoir se faire accepter
- ➜ Construire une confiance
- ➜ Se montrer vulnérable
- ➜ Emmener les autres dans une même direction

Le leadership c'est une capacité à convaincre et entraîner les autres. C'est savoir s'imposer par l'écoute et l'empathie à ses collaborateurs et donc arriver à motiver ses troupes pour faire des exploits.

Quoi faire pour être un bon leader ?

1. *Passez du temps avec vos équipes*

★ Vous devez passer du temps avec vos collaborateurs, savoir ce qui compte pour eux, ce qui pose problème ou non dans le projet, leur demander leurs avis, les impliquer dans les enjeux, les décisions, etc. Avoir du leadership c'est parvenir à ce que les gens qui bossent avec vous soient vos alliés. Le leader va créer du lien, écouter, observer. Bien souvent dans les entreprises, chacun tire la couverture à lui et cela ne fonctionne pas très bien.

La mauvaise idée : arriver en mode « flicage » pour vérifier si tout le monde a bien fait son travail !

2. *Montrez votre vulnérabilité*

★ Soyez sincère et vraie, dites que vous avez besoin de vos collaborateurs pour avancer. Reconnaissez vos erreurs si vous en avez faites dans le projet et votre volonté d'allier les forces de chacun.

La mauvaise idée : user de l'autorité et de la dureté pour se faire entendre. Ça braque tout le monde !

le tip de Pauline

« ***Être un leader ce n'est pas être au-dessus des autres ni avoir le pouvoir.*** *C'est les embarquer dans la meilleure des énergies.* »

3. *Soyez convaincante*

Votre rôle est, comme un coach sportif, d'emmener tout le monde à la victoire ! Le leader a une vision et doit convaincre les autres de travailler avec lui. Il diffuse de l'énergie, inspire les gens. Demandez-vous : à quel point je vais influencer les autres ? Que dit aussi ma communication non verbale ? Mon énergie ? Mon sourire ?

La mauvaise idée : ne pas se soucier de l'énergie que vous diffusez chaque jour à vos équipes.

4. *Apportez-leur votre soutien*

Proposez des points d'étapes pour créer du lien, mettez-vous à leurs services. Faites en sorte qu'ils aient le meilleur de leur potentiel. Votre but est d'éclairer, de donner envie aux autres de faire de leur mieux.

La mauvaise idée : mettre vos équipes en compétition plutôt qu'en symbiose

5. *Jouez un peu le psy*

Faire accoucher les gens de leurs craintes et de leurs peurs est absolument nécessaire en tant que leader. C'est un peu un rôle de psy ! Il faut oser y aller même si ça fait peur. Vous allez les soulager et leur donner du souffle !

La mauvaise idée : ne tombez pour autant dans le piège de la meilleure copine qui écoute toutes leurs craintes. Restez dans l'équilibre.

6. *N'abandonnez jamais*

Un leader n'abandonne pas, répond toujours présent, est toujours débout. C'est une remise en question sans cesse. Il faut toujours donner le meilleur de soi-même.

La mauvaise idée : montrer une trop grande perfection qui ne serait pas sincère et plutôt culpabilisante pour les autres.

LAURY

« ***J'essaie de me positionner à l'égal des personnes avec qui je travaille.*** Je ne me dis jamais que je suis la boss et que je vais tout décider. ***Je préfère toujours récolter les avis des autres d'abord.*** C'est tellement plus riche. Un leader sans les autres n'est rien du tout, une équipe c'est un ensemble de forces qui cohabitent ensemble, une symbiose. »

Bien DÉLÉGUER

Au début de notre activité, on a toutes les deux eu envie de tout faire nous-même par peur de perdre le contrôle ! Ou que les choses ne soient pas faites exactement comme on le désirait… Mais si l'on veut faire croître son projet et se dégager du temps pour d'autres responsabilités, il faut apprendre à faire faire.

1. *Qu'allez-vous déléguer ?*

Commencez par lister les actions que vous pouvez déléguer. Si vous êtes frileuse, débutez par les missions les plus faciles puis montez en difficultés au fil du temps. Le but premier étant de vous libérer un maximum de plage horaire.

2. *Le bon collaborateur*

Demandez-vous :

➜ s'il a les compétences nécessaires pour le faire ou l'apprendre rapidement

➜ si sa charge de travail actuelle lui permet de le faire

➜ s'il a un fort intérêt personnel et professionnel à réaliser cette tâche

3. *La bonne méthode*

Faites des briefs complets et écrits expliquant votre méthode pour chaque action menée. De la taille de police que vous préférez à l'heure à laquelle vous voulez que telle tâche soit terminée.

Soyez très précise, très claire, n'oubliez aucun détail. Une fois ce « mode d'emploi » réalisé, prenez du temps pour l'expliquer à votre collaborateur.

Planifiez des dates intermédiaires avant le rendu final pour dénouer des points de blocages éventuels ou redresser les erreurs.

Demandez un reporting régulier si vous en sentez le besoin au début.

4. *Les bons outils*

Assurez-vous que votre collaborateur a tous les outils pour le faire exactement comme vous. Devez-vous le former pour qu'il réponde à vos critères d'exigence ? Imaginez tout ce que vous devez lui transmettre ou lui montrer pour qu'il y arrive.

le tip de Pauline

*« **Déléguer, pour moi, c'est comme lorsqu'on apprend à un enfant à marcher.** On lui montre comment faire, on le rassure, on le tient par la main, mais à un moment donné, il faut qu'il tombe par terre pour apprendre. **Pour un collaborateur, c'est pareil, on cherche à lui faire prendre son envol,** voir même à ce qu'il devienne meilleur que nous, il ne faut pas avoir peur de ça. »*

Je délègue, mais je ne suis pas satisfaite !

Ne baissez pas les bras. À vous d'aider vos collaborateurs à s'améliorer. Par exemple, s'ils font des fautes d'orthographe, leur conseiller un correcteur, une relecture plus poussée, etc. Vous devez avoir un rôle de guide et d'aide. Un collaborateur qui progresse sera bien sûr plus efficace pour votre entreprise mais aussi plus heureux au travail, et le cercle vertueux va s'installer. Il va devenir de plus en plus motivé, puis indépendant et donc prendre de nouvelles responsabilités.

5. *Les bons feedbacks*

Une fois la tâche déléguée accomplie, prenez du temps pour faire les retours. Soulignez les erreurs bien sûr mais aussi les choses qui fonctionnent pour motiver votre collaborateur. N'espérez pas qu'il fasse les choses à votre manière rapidement. Vous allez devoir l'accompagner et le guider. Ce temps « perdu » au départ sera vite gagné par la suite si vous avez bien réalisé votre travail de guide et de formateur.

6. *La bonne attitude*

➜ Valorisez la tâche que vous déléguez afin que votre collaborateur n'ait pas le sentiment uniquement de vous soulager.

➜ Soyez confiante et montrez-le.

➜ Lâchez prise, ne restez pas derrière l'épaule de l'autre !

➜ Soyez souple et juste en toutes circonstances.

Les erreurs à ne pas faire :

➜ Diluer un projet en déléguant les tâches à trop de personnes en même temps. Résultat : personne ne se sent responsable du projet, il n'y a pas de personne-moteur.

➜ Ne pas assez soutenir ni accompagner son collaborateur au début

➜ Ne pas faire confiance et rester trop contrôlante.

Des réunions efficaces

Pensez à faire des réunions rapides avec chacun de vos collaborateurs régulièrement, par exemple 20 min, car cela permet de :

➜ Mieux les connaître
➜ Créer un lien
➜ Leur demander leurs points de blocage mais aussi là où ça avance bien
➜ Leur proposer votre aide
➜ Leur faire vos propres feedbacks

LAURY

« ***Structurer et déléguer sont les fondamentaux d'une bonne entreprise.*** Faire confiance dans cette délégation est le plus prioritaire. »

Optimisez VOTRE ANNÉE

Pour éviter de laisser passer les mois (et les années !) sans améliorer les points qui ne fonctionnent pas toujours dans votre entreprise ou votre vie en général, Pauline m'a conseillé une très bonne méthode à suivre qui ne vous prendra que 2 heures et s'avérera très efficace pour repartir du bon pied à chaque rentrée.

DRESSEZ LE BILAN

Au mois de décembre ou au mois d'août, par exemple, prenez un peu de temps pour faire le bilan de votre année. Installez-vous confortablement avec votre agenda et un petit carnet de notes et réalisez ces trois exercices.

Exo 1 *Qu'ai-je fait et... pas fait ?*

★ Reprenez votre agenda semaine par semaine.

★ Regardez vos rendez-vous, vos séances de sport, vos déplacements... scrutez tout en détail et faites une analyse rapide de votre année.

Vous allez probablement vous rendre compte que votre temps n'était pas dépensé où vous le pensiez ! Vous n'avez pas fait les séances de yoga aussi souvent que vous le vouliez, vous n'avez pas organisé les réunions que vous vouliez... Évaluez tout cela concrètement (et non qu'avec de vagues souvenirs !).

Vous allez maintenant redresser la barre et partir sur de nouvelles intentions.

1. Dressez la liste des activités ou rendez-vous que vous voulez mettre en place, visez haut !

2. Choisissez-leur une régularité et inscrivez-les déjà sur votre agenda 2022. Par exemple inscrivez une nouvelle réunion de brainstorming tous les premiers lundis du mois. Notez 2 heures pour vous occuper de vous tous les samedis matin... Impliquez des personnes pour encore mieux vous y tenir. Posez ainsi vos nouvelles actions et faites en sorte de les considérer comme des rendez-vous prioritaires.

3. À l'inverse, ne vous obstinez pas à vous inscrire à ce cours de cuisine hyper s'il ne vous ressemble pas. Visez l'essentiel.

Exo 2 *Qui ai-je vu et... pas vu ?*

★ Toujours munie de votre agenda, notez les noms des personnes que vous avez vues et celles avec qui vous aimeriez passer plus de temps

★ Notez celles aussi que vous ne voyez jamais

★ Repérez celles avec qui vous passez du temps et que vous n'appréciez pas

Notre entourage nous influence, si vous êtes souvent en contact avec des gens négatifs ou rigides, cela va jouer sur votre moral et même votre manière de penser.

Vous pouvez dès maintenant faire le ménage parmi les gens qui vous entourent et planifier de nouveaux rendez-vous.

1. Organisez déjà vos premières sorties avec vos amis et invitez-les à planifier, comme vous, sur le long terme, de vous voir régulièrement. Pourquoi pas une soirée entre copines un jeudi soir par mois ? Vous garderez ainsi tous ces jeudis soir de libres et prévoirez même une baby-sitter à l'avance !

2. Penchez-vous sur les solutions à trouver pour réduire vos contacts avec les personnes toxiques. Peut-être devriez-vous déjà commencer par réduire votre communication avec eux ? Par exemple privilégier l'écrit, ce qui permet déjà de mieux cadrer les conversations et ne pas se laisser embarquer dans la négativité.

Exo 3 *Quels sont mes victoires et mes échecs ?*

★ Souvenez-nous des succès et des échecs que vous avez vécus cette année, faites une liste.

★ De quoi êtes-vous la plus fière ?

★ Que regrettez-vous ?

Vous allez peut-être vous rendre compte que vos victoires ne sont pas celles que vous attendiez comme réussir à passer Noël en famille malgré votre tonne d'e-mails en retard.

Vous allez pouvoir reproduire les schémas positifs et tirer les enseignements de vos échecs.

1. Notez vos victoires et analysez les comportements que vous avez eus qui y sont associés. Par exemple : une forte motivation, un état d'esprit très positif, une bonne organisation, des partenaires actifs...

2. Faites de même avec vos échecs. Avez-vous manqué de temps ? D'énergie ? D'expérience ? Soyez claire et lucide envers vous-même, ça fait du bien vous verrez !

3. De grandes thématiques vont ainsi se dégager, elles vous serviront de base pour faire votre autoanalyse. Par exemple : ce projet n'a pas réussi car je me suis sentie surmenée par la tâche => les solutions => mieux planifier et prioriser les actions, déléguer davantage, mieux m'entourer, savoir dire non aux autres projets en parallèle, mieux me former sur tel point... C'est comme ça que vous pourrez progresser d'année en année !

LAURY

« Grâce à ce petit scan rapide de mon année, ***j'évite de reproduire certaines erreurs*** et j'ai pris le réflexe d'optimiser plus souvent mes semaines ! »

CHECK POINT

Vous avez lancé votre projet aussi bien qu'un lanceur de javelot aux Jeux olympiques ? *Muy bien!* Il est temps de faire l'examen de passage et de voir si vous cochez toutes les cases de la réussite.

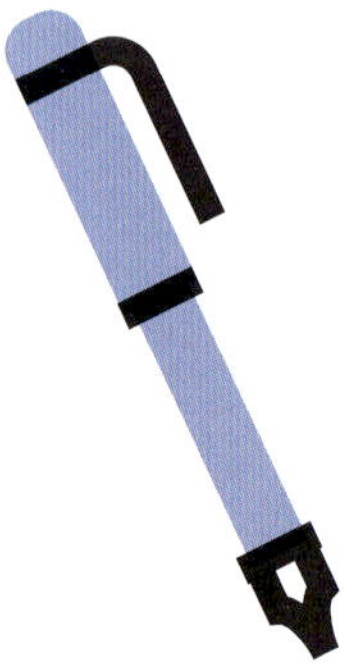

- [ ] J'ai défini mes objectifs à court terme et priorisé les tâches les plus importantes. **#superorga**
- [ ] J'ai trouvé quelques astuces efficaces pour faciliter ma productivité au quotidien. **#rentabilitedefou**
- [ ] Ma stratégie pour faire connaître mon projet est maintenant claire pour moi. Je sais où je vais. **#vision**
- [ ] J'ai choisi la manière dont j'allais financer mon projet. **#moneymoney**
- [ ] Je m'entraîne régulièrement à pitcher mon projet pour convaincre mes futurs interlocuteurs. **#futurewinneuse**
- [ ] Je réalise des contenus à forte valeur ajoutée afin que mon projet gagne en crédibilité. **#perseverance**
- [ ] Je sais comment incarner mon projet, quel ton et quel style donné à ma communication. **#strategieaupoil**
- [ ] Je suis à l'aise avec le fait de vendre mon produit ou mon service. **#relaxmymind**
- [ ] Je sais clairement identifier les besoins de mes clients et y répondre. **#winwin**
- [ ] Je veux travailler mon leadership pour embarquer les autres avec moi ! **#teamforever**
- [ ] Faire des bons feedbacks pour déléguer les tâches, n'a plus de secret pour moi. **#happymanageuse**
- [ ] J'ai décidé d'optimiser toutes les réunions et de régulièrement faire un point avec mes collaborateurs. **#onavancebien**

Vous êtes au point sur ce deuxième chapitre ?

Alors sautez dans le train suivant qui vous amène droit à la croissance de votre projet ! **Vous n'êtes pas certaine de maîtriser tous les points ci-dessus ?** C'est bien normal ! Continuez de les bosser chaque jour jusqu'à vous sentir bien à l'aise avec. C'est un travail de longue haleine, mais vous allez vite en récolter les fruits. Tenez bon !

FAITES VIVRE **VOTRE PROJET**

Maintenant que votre entreprise est lancée et que vos clients frappent au portillon, vous allez traverser naturellement des périodes plus ou moins faciles. Ressentir l'excitation d'un boom de croissance ou au contraire être en plein down à l'idée de ne pas faire assez de chiffre (on ne vous le souhaite pas !). **Afin de prévenir au mieux tous ces aléas, nous vous avons préparé quelques pistes de réflexion à ne pas négliger.** Comment vous remettre en question intelligemment ? Comment analyser les forces et les faiblesses de votre entreprise ? Ou de votre management ? Comment faire face à d'éventuels problèmes de trésorerie ? En bref, surfer sur l'océan de l'entrepreneuriat avec la bonne planche et sous toutes les conditions météo possibles ;) **On vous parie que vous y arriverez ?**

Faut-il SE REMETTRE EN QUESTION ?

Votre projet est lancé, mais voilà, vous vous posez sans cesse des questions sur votre produit, vos services, votre communication… Est-ce que toutes ces interrogations sont bénéfiques ? Doit-on se remettre toujours en question ?

1. *Non, foncez !*

✱ On dit souvent que la réflexion, tue l'action. En effet, beaucoup de personnes remettent tout en cause très régulièrement, cela vient souvent d'un trait de personnalité. En tant qu'entrepreneures, nous pensons qu'il est très délétère de se poser trop de questions quotidiennement car tout ce temps passé à se torturer l'esprit est du temps en moins pour faire avancer votre projet. Celui-ci sera de toute manière, naturellement imparfait. Et ce n'est pas en réfléchissant trop mais plutôt en testant concrètement ce qui marche ou ne marche pas que vous allez l'améliorer. Donc, GO !

2. *Oui, questionnez-vous !*

✱ En revanche, se poser une fois par trimestre pour faire un état des lieux, de manière consciente est selon nous très bénéfique. Analyser ce qui a marché et pas marché est très précieux. Faites une vraie prise de recul intelligente.

Quelques questions à vous poser :

➜ Est-ce que je dois changer mon équipe ? Recruter davantage ? Dois-je prendre des free-lances plutôt que des salariés ?

➜ Mon produit a-t-il toujours une vraie valeur ajoutée ? À-t-il réellement trouvé son marché ? Suis-je complètement à l'écoute de mes clients ?

➜ La vitesse de développement de mon entreprise est-elle suffisante ? Comment puis-je l'accélérer ?

le tip de Pauline

*« **Il faut savoir s'écouter pour bien vivre la concurrence.** Parfois on n'est pas prêt pour la regarder. Elle peut nous entraîner dans une spirale de pensées négatives, nous faire perdre tout notre enthousiasme, notre leadership… Dans ce cas, ça ne sert à rien de se forcer à la regarder, au contraire ! C'est un peu comme de se mettre au régime et de passer son temps à regarder des photos de gâteaux sur Internet, ça n'aide pas. »*

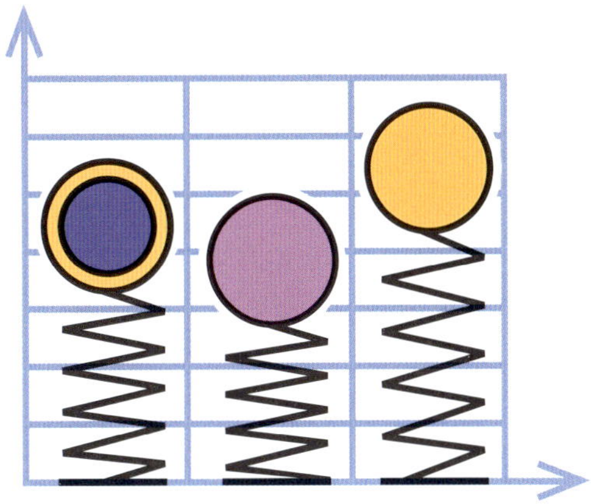

LAURY

« ***La concurrence pour moi est très bénéfique de manière générale. Elle me permet de me stimuler et de me challenger chaque jour.*** Imaginez une rue qu'avec mon restaurant Vida… Ce serait atroce ! Les autres sont là aussi pour nous ***apporter de l'énergie et nous pousser à nous dépasser.*** »

3. *Regarder la concurrence : oui ou non ?*

★ Connaître la concurrence de son secteur d'activité est indispensable pour faire vivre son projet. Une veille régulière est essentielle pour rester toujours connectée aux nouveautés et adapter ou réinventer son offre si besoin. Mais attention, si certains moments sont cruciaux pour se plonger la tête la première chez nos concurrents, d'autres sont à éviter pour ne pas virer parano.

L'expérience de Pauline

« J'ai eu des périodes dans ma vie où j'étais boulimique de concurrence ! ***Au lancement de mon entreprise par exemple, j'avais besoin de m'inspirer, je regardais tout ce qui existait dans mon secteur.*** *Je pense que cette ouverture d'esprit a apporté beaucoup à Gemmyo. Je connaissais mon marché, j'allais dans les boutiques, j'essayais les bijoux, je posais des questions.* ***Puis s'est ensuivie la période où Gemmyo a eu du succès, et où l'on a commencé à nous imiter****. Cela a été beaucoup plus dur ! Là je vivais la concurrence comme une menace perpétuelle, je n'arrêtais pas de nous comparer. C'est à ce moment-ci qu'il faut selon moi se concentrer sur ses propres produits, sur ce qu'on est, ce qu'on aime faire.* ***Un conseil : tracez votre route si vous vivez mal la concurrence*** *à certaines périodes de votre activité et regardez-la quand vous serez à nouveau fière de votre produit ou de votre offre ! »*

Réévaluez VOTRE **ENTREPRISE**

Si votre business ne grandit pas comme vous le souhaitez, **c'est peut-être pour vous le moment de faire une analyse SWOT** de votre entreprise ! Elle a pour habitude de se réaliser au démarrage d'un projet mais peut aussi se faire en cours de route pour revoir quelques priorités.

Son but ?

Elle permet de croiser des données internes et externes et faire le bilan des bons et mauvais points de votre projet.

Prenez un moment avec vos associés et collaborateurs si vous en avez pour définir ces deux axes :

✶ Les forces et faiblesses internes à votre entreprise, c'est-à-dire les ressources humaines, financières, matérielles ou immatérielles.

✶ Les opportunités et menaces venant de l'extérieur, c'est-à-dire une concurrence qui s'installe, une insatisfaction des clients, un besoin de consommateur non résolu...

ANALYSE SWOT

INTERNE

EXTERNE

STRENGHTS / **FORCES**

Quelles sont les forces de votre entreprise ?

....

....

Quels sont vos talents spécifiques ?

....

....

Que faites-vous mieux que vos concurrents ?

....

....

Qu'est-ce que les autres perçoivent comme vos forces ?

....

....

OPPORTUNITIES / **OPPORTUNITÉS**

Quelles tendances pourraient avoir un impact positif sur vous ?

....

....

Quelles sont les opportunités qui s'offrent à vous ?

....

....

Est-ce que votre business est perçu de manière positive ?

....

....

Y a-t-il eu des changements positifs dans votre marché récemment ?

....

WEAKNESSES / **FAIBLESSES**

Quelles sont les faiblesses de votre entreprise ?

....

....

Qu'est-ce que vos concurrents font mieux que vous ?

....

....

Avez-vous des ressources limitées ?

....

....

Votre marché est-il en baisse ?

....

....

THREATS / **MENACES**

Avez-vous un support financier solide ?

....

....

Quelles tendances pourraient avoir un impact négatif sur vous ?

....

....

Qui sont vos concurrents potentiels ?

....

....

Quels facteurs devez-vous contrôler pour prévenir les risques ?

....

....

Faites face À UNE FORTE **CROISSANCE**

Avoir une boîte qui cartonne, c'est évidemment l'objectif de tout entrepreneur ! Mais lorsque la croissance se pointe telle une bonne grosse vague de surf, il faut savoir la négocier au risque de se retrouver sous l'eau.

Qui n'a jamais entendu parler d'une entreprise victime de son succès ? Malheureusement, l'hypercroissance peut parfois s'avérer notre pire ennemie. Mais, si vous avez pris soin de l'anticiper, alors vous aurez toutes les chances d'atteindre des sommets ! Voici les pistes à privilégier pour prévoir votre stratégie.

1. *Fixez vos objectifs de croissance*

Commencez par réaliser un bilan de vos ressources humaines, financières et matérielles. Pour cela, posez-vous d'abord ces questions :

➜ Quel capital serait nécessaire pour la croissance de mon entreprise ?

➜ Mes stocks sont-ils suffisants pour y faire face ?

➜ Ma chaîne de production est-elle efficiente ?

➜ Mes équipes ont-elles les capacités et les compétences nécessaires pour faire face à une croissance rapide de mon activité ?

Les réponses à vos questions vous permettront de voir vos priorités et d'agir en conséquence.

l'expérience de Pauline

*« **Face au succès de Gemmyo, nous avons fait l'erreur d'embaucher des collaborateurs sans définir précisément leurs missions.** Ils se retrouvaient à gérer trop de choses en même temps et étaient vite dépassés. Avec une augmentation d'activité, on a tendance à recruter pour boucher les trous car on ne sait pas vraiment ce qu'on veut ! Il faudrait alors avoir une vraie vision de la structuration de son entreprise. Nous avons d'ailleurs mis en place un organigramme très tard chez Gemmyo et ça été très douloureux ! **Nous avons mis deux ans à recruter, former, déléguer...** Une transition nécessaire qui nous permet d'avoir aujourd'hui une croissance forte et sereine. Un entrepreneur doit toujours se demander : quelles sont les fonctions de mon entreprise ? Comment vais-je l'organiser ? »*

La clé : savoir détecter les difficultés potentielles d'une croissance forte avant qu'elles ne deviennent des dangers majeurs

2. *Structurez votre entreprise*

★ Au début de votre projet, vous faisiez un peu tout, un véritable couteau suisse ! Maintenant, vous allez devoir déléguer. Mais le recrutement ne suffit pas pour résoudre le surcroît d'activité, vous devez d'abord structurer le fonctionnement de votre boîte. Avez-vous besoin d'un pôle créa ? D'un pôle opérationnel, marketing ou financier ? D'une équipe en charge du développement ? Ces questions sont essentielles avant de vous jeter à corps perdu sur LinkedIn pour trouver quelques perles rares qui viendront vous épauler.

3. *Renforcez votre culture d'entreprise*

★ Vous allez embaucher de nouvelles personnes pour vous aider, puis d'autres, et encore d'autres... Jusqu'au jour où vous comprendrez que ces personnes travaillent toutes un peu dans leur coin, sans même se connaître vraiment (voir se tirent dans les pattes !). N'oubliez jamais que votre activité a une âme, une identité et que chacun de vos collaborateurs doit en être imprégné et se sentir soudé autour d'elle. Les petits nouveaux comme les anciens, les postes les plus élevés comme les stagiaires. Même en plein essor (surtout en plein essor !), pensez toujours à la cohésion des équipes pour consolider vos bases. Sans quoi, vous aurez du mal à faire face.

4. *Adaptez-vous en apprenant*

★ Vous allez passer d'entrepreneur à dirigeant d'une grosse entreprise, et ce n'est pas une mince affaire. Vous avez tout à apprendre. Du management au développement, en passant par les ressources humaines et tout ce qui va avec ! Vous avez des vertiges ? C'est bien normal car tout ne s'apprend pas du jour au lendemain. Pour cela, entourez-vous, lisez, apprenez, demandez des conseils et surtout ne baissez jamais les bras. Nous pensons que tout entrepreneur peut y arriver mais que si vous ne vous sentez pas à l'aise avec certains postes, vous pouvez tout à fait embaucher un CEO, un manageur ou trouver un nouvel associé.

Les principaux écueils
à la croissance selon les dirigeants d'entreprise :

64 % citent le recrutement de cadres dirigeants ;
56 % l'embauche d'employés formés ;
46 % la difficulté à faire évoluer le personnel

LAURY

« ***Le succès d'un projet peut être très étourdissant !*** Mettez votre priorité sur l'humain pour pouvoir répondre positivement à sa croissance. »

Au secours, ÇA VA MAL !

Problèmes de trésorerie, chiffre d'affaires qui ne décolle pas, collaborateurs nuisibles... Votre entreprise est en difficulté et vous ne savez plus par quel bout y prendre ? Nos pistes pour faire redémarrer la machine !

1. *Négociez des délais auprès des créanciers*

★ Le problème le plus urgent à régler est sans doute celui des finances et des dettes éventuelles que vous avez contractées.

★ La première chose à faire est de lister vos prochaines échéances et de contacter rapidement vos créanciers. Impossible de payer la TVA ? Tentez de contacter le service des impôts des entreprises pour faire un plan de remboursement.

★ Un fournisseur qui attend vos paiements ? Surtout ne jouez pas la carte du silence en espérant qu'il ne vous rappelle pas tout de suite. Vous risqueriez de le perdre et surtout de ne rien résoudre en accumulant des dettes. Osez plutôt lui demander un délai supplémentaire pour honorer votre paiement. (Cela vous permettra aussi de dormir un poil mieux).

★ Un découvert bancaire sur le compte de l'entreprise ? Prenez rendez-vous avec votre banquier pour négocier un plus gros plafond en lui exposant vos prochaines rentrées d'argent.

Pour résumer : prendre chaque problème financier à la source vous évitera bien des déconvenues et vous aidera à sortir la tête de l'eau plutôt que de couler dans vos angoisses.

2. *Ayez recours à des experts*

Vous avez du mal à mesurer dans quel niveau de difficultés vous êtes ? Pas de panique, il existe des experts pour vous aider.

Problème financier : si vous avez un comptable, faites appel à lui pour trouver des solutions d'urgence. Vous ne dépenserez qu'une somme moyenne pour ses honoraires mais vous éviterez peut-être de gros problèmes par la suite.

Vous pouvez aussi suivre la procédure du mandat *ad hoc*, il s'agit d'une demande auprès du tribunal de commerce pour avoir recours à un expert chargé de déterminer et résoudre les difficultés de votre entreprise (pour cela, remplissez un formulaire sur le site www.infogreffe.fr). Le mandataire négociera à votre place avec vos créanciers.

Problème social : si vous rencontrez un problème avec un collaborateur ou un associé, faites appel à un juriste ou aux Prud'hommes.

le tip de Pauline

« Ceux qui gardent leur sang-froid pendant les périodes de crise et continuent de se battre finissent toujours par y arriver *d'une manière ou d'une autre ! »*

3. *Réduisez vos dépenses*

★ Pouvez-vous réduire certaines charges de votre entreprise ? Une question importante à se poser en cas de crise. Diminution des salaires, réduction des coûts de fonctionnement, mais aussi séparation d'avec des prestataires… Tout est possible à condition que cela ne soit pas nuisible au bon développement de votre projet. Ne réduisez pas les effectifs si c'est votre unique chance de lancer votre produit par exemple. Pensez toujours à garder les ressources nécessaires pour relancer votre business.

4. *Recentrez-vous sur ce qui marche*

★ Au fil du temps, vous avez peut-être négligé certains points d'organisation ou dilué votre énergie et vos ressources dans des activités annexes peu lucratives. L'essentiel est de repartir d'un bon pied en misant sur les atouts de votre entreprise. Qu'est-ce qui a bien fonctionné par le passé ? Quel service, quel produit a fait ses preuves ? Quelle stratégie de communication a été efficace ? Réalisez un audit de vos petites et grandes victoires et recentrez-vous dessus. À l'inverse, abandonnez les nouveautés qui ne fonctionnent pas, les prestataires qui vous ralentissent, les clients qui vous prennent trop de temps pour très peu de rentabilité.

5. *Apprenez de vos erreurs*

★ La crise de votre activité vous a fait prendre de nouvelles directions voire habitudes ou manières de fonctionner. Surtout ne partez pas sur cette méthode tête baissée parce qu'elle a marché quelques mois pour vous sortir de vos soucis. Remettez-la en question plusieurs mois après pour voir si elle est encore d'actualité. Parfois, il faut encore remanier des process, affiner des décisions selon la période traverse votre entreprise.

LAURY

« ***Un bon entrepreneur se reconnaît à sa facilité à retrousser les manches*** pour faire face aux obstacles, comme un bon sportif ! ***Ne vous découragez pas, la course n'est jamais finie.*** »

La diversification, QUAND ET COMMENT ?

Une fois votre activité lancée depuis quelques années, vous aurez peut-être envie de vous frotter à une stratégie de diversification pour augmenter votre croissance. Comment vous y prendre ?

SE DIVERSIFIER :

C'est développer de nouvelles activités ou les élargir à d'autres pays afin d'augmenter son chiffre d'affaires. Par exemple se lancer dans les sacs à main ou les bijoux lorsque l'on est une marque de vêtements ou se développer à l'international.

1. *Les plus*

Si la nouvelle activité est bien choisie et maîtrisée, la diversification peut s'avérer être un très bon levier de croissance. Voici ces principaux avantages :

➜ Votre entreprise ne dépend plus que d'un seul marché donc d'un seul fournisseur, d'un distributeur, etc.

➜ Vous réduisez et diversifiez vos risques d'exploitation

➜ Vous créez une synergie de vos compétences, ressources, etc.

➜ Vous optimisez certains coûts et réalisez des économies d'échelle

➜ Vous pouvez en profiter pour reconvertir votre entreprise si votre première activité est souffrante

2. *Les moins*

Ayez cependant bien en tête qu'il existe des risques à la diversification. Vous ne pouvez pas décider à la va-vite de partir sur un nouveau marché en délaissant par la force des choses votre cœur d'activité. Tout doit être judicieusement pensé et réalisé.

➜ Vous dispersez votre énergie, vos ressources et vos compétences

➜ Vous investissez à nouveau de l'argent

➜ Vous risquez de perdre l'identité propre de votre marque

➜ Vous aurez un surcroît de travail à gérer

➜ Une nouvelle activité qui ne marche pas peut avoir des répercussions négatives sur l'ensemble de votre entreprise

LAURY

« ***Lorsque je me suis mise à décorer mon nouvel appartement, il m'est apparu évident qu'il fallait que je propose de la décoration dans Parisienne et alors !*** Reprendre le tissu d'un pantalon et le transformer en housse d'ordinateur ou en taie d'oreiller est très facile. D'autant que nous avons utilisé les chutes de tissu et donc valorisé notre matière première. ***Commercialement, cela permet de redonner une impulsion à la marque et de ne pas mettre tous ses œufs dans le même panier.*** Lorsqu'une activité va moins bien marcher, il y en aura une autre pour compenser. ***Et bien sûr, c'est hyper stimulant pour les équipes mais aussi pour les clientes !*** »

3. *Les bonnes actions pour réussir ?*

➜ Menez une réflexion stratégique poussée avant de vous lancer :

➜ Faites des études de positionnement

➜ Évaluez les coûts et les risques à moyen et long terme

➜ Mesurez la rentabilité

➜ Trouvez les facteurs pour être compétitif sur ce nouveau marché

➜ Développez cet avantage compétitif

le tip de Pauline

« **On se diversifie souvent pour les mauvaises raisons :** *parce que notre produit ne marche pas bien et qu'on veut faire plus de chiffre d'affaires. On veut alors élargir notre offre. Selon moi, la diversification peut intervenir si l'on est très sûr de son produit et qu'il cartonne. C'est donc dans un second temps.* ***La diversification doit être un plus face à une activité florissante.*** *Si votre produit ou votre service n'est pas encore là où il devrait être, c'est une erreur. Avec Gemmyo, au bout de 10 ans d'existence, nous ne faisons encore que de la joaillerie.* ***Nous voulons rester focus sur notre cœur de métier pour le pousser au maximum !*** »

10 conseils PASSÉS **AU SCAN**

Vous allez en entendre des conseils pour faire vivre votre entreprise ! Nous avons analysé les grandes règles qui font un bon entrepreneur.

1. *Ne laissez pas les émotions influencer vos décisions*

Pauline : certaines émotions comme l'enthousiasme, la passion, l'envie sont très positives ! L'amour et la sympathie aussi pour décider avec quel collaborateur vous désirez travailler. En revanche, le manque de confiance en soi, le syndrome de l'imposteur, la peur de se tromper… nous empêchent d'agir. Il ne faut pas trop réfléchir aux conséquences négatives de ses actes qui, finalement ne s'avèrent pas si graves. Souvent par peur, on imagine des scénarios terribles qui nous font angoisser. Mais si on regarde les faits de telle ou telle conséquence néfaste, on se rend souvent compte qu'elle ne sera pas si catastrophique que cela, qu'on s'en remettra et que toute cette angoisse est démesurée !

Laury : au contraire, les émotions peuvent nous guider dans nos choix et notre entrepreneuriat. Je pense que notre instinct et nos papillons dans le ventre ne se trompent jamais, il faut les écouter, surtout lorsque l'on est quelqu'un de sensible. Nous ne devons pas nous déshumaniser, même dans notre business !

2. *Acceptez la critique*

Laury : il y a critiques et critiques ! C'est bien d'entendre les critiques positives pour s'améliorer et laisser couler celles des envieux et des jaloux (vous allez vite sentir la différence si vous écoutez votre instinct). Mais je pense qu'en règle générale, il faut être sûre de soi et confiante dans le business qu'on mène. (Même si au fond, nous avons toujours quelques doutes !)

Pauline : la critique est à double tranchant. Lorsque l'on ressent qu'une critique fait mal et a un fond de vérité, il faut avoir la force de la prendre en compte. À l'inverse, vous allez entendre beaucoup de critiques qui n'ont aucun intérêt parce que tout simplement les gens ne comprennent pas ce que vous faites ! Lorsque l'on m'a dit que j'interrompais beaucoup trop mes invités sur mon podcast pour parler de moi, cela m'a fait mal mais j'ai compris qu'il y avait une part de vérité. Je voulais avoir une valeur ajoutée pour mon audience donc je prenais beaucoup trop de place ! J'ai donc corrigé le tir et organisé mes podcasts autrement.

Ce qu'elles auraient aimé savoir avant d'entreprendre :

Laury :

➜ Qu'il y a une montagne de responsabilités qui va avec et qui nous fait très vite devenir plus qu'adulte !

➜ Qu'il ne faut pas tout faire toute seule car on est vite dépassée.

➜ Qu'il faut être aussi un peu méfiante comme un petit chien qui sentirait les mauvaises personnes autour de lui !

Pauline :

➜ C'est toujours plus long et plus compliqué qu'on ne croit ! (Mais aussi plus excitant et avec plus de potentiel qu'on n'imagine !). Donc soyez patients et ne baissez pas les bras !

➜ Que si j'ai confiance en moi, ça marche ! L'état d'esprit est bien plus important qu'on ne croit. Quand j'ai confiance en moi et en mon projet, les planètes s'alignent pour qu'il marche. À l'inverse, si je pars perdante... cela se réalise aussi !

➜ À quel point il est important de garder dès le départ un équilibre vie pro et vie perso. Car c'est un marathon pas un sprint !

3. *Apprenez des erreurs des autres*

Laury : je pense que les conseils des vieux sages ne sont pas toujours efficaces dans le monde moderne. La société évolue à une vitesse folle, l'expérience des uns n'est pas forcément bonne pour les autres. Il faut rester solide sur ses appuis et avancer par soi-même avec assurance.

Pauline : c'est ce que j'ai essayé de faire en créant le podcast mais c'est toujours plus facile à dire qu'à faire ! Selon moi, il faut vivre ses erreurs pour en tirer des enseignements. On m'a souvent mise en garde pour des choses que j'ai faites quand même, et je me suis en effet trompée ! Mais je n'aurai pas réellement « compris » pourquoi cela ne marchait pas si je ne l'avais pas tenté moi-même. Comme lancer Gemmyo à l'international. C'était en effet trop tôt pour mon entreprise, nous n'étions pas prêts, on m'avait prévenue ! Mais je ne regrette pas d'avoir essayé. J'en ai tiré la leçon qu'un projet de cette ampleur demande beaucoup plus de temps et d'énergie que je ne pouvais en dégager à ce moment-là.

4. *Continuez toujours d'apprendre*

Laury : carrément d'accord ! Il faut rester les yeux ouverts, très curieux. Échangez avec les autres entrepreneurs qui sont pleins de bonnes énergies. Gardez un œil pétillant, apprenez de vos collaborateurs et ne vous croyez jamais au-dessus de la mêlée.

Pauline : que l'on soit entrepreneur ou pas, on a tout intérêt à être curieux ! Il faut se challenger régulièrement. J'aime m'intéresser aussi aux gens qui ont une opinion complètement différente de la mienne, comprendre pourquoi ils pensent ainsi, essayer de ne pas les juger et surtout de me mettre à leur place. C'est un exercice très intéressant qui permet de remettre en cause ses propres croyances culturelles.

5. *Choisissez bien le nom de votre entreprise*

Pauline : conseil primordial. Il faut surtout s'assurer que son nom ne va pas poser de problème au niveau de la propriété intellectuelle. Trouvez un nom qui vous ressemble, qui veuille dire quelque chose, qui ait une belle sonorité. Je l'ai vécu avec mon podcast qui s'appelait au départ *La crème de la crème*. J'ai dû changer le nom car une entreprise qui s'appelait ainsi a lancé son podcast. Je ne voulais pas qu'on nous confonde. J'avais effectué ce travail de recherche de propriété intellectuelle, mais j'en étais restée à mon domaine d'activité. Grosse erreur ! Même dans un autre domaine que le vôtre, cela peut poser problème.

Laury : c'est comme choisir le nom de son enfant, il faut en être intimement convaincue et être sûre qu'il nous plaira toute la vie ! Et regardez si une autre entreprise n'a pas un nom proche du vôtre, en effet, ça serait bête d'être associée à des sardines quand on fait des fringues ou des bijoux ;)

6. *Ne voyagez pas seule*

Pauline : pas forcément avec un associé d'ailleurs ! Entourez-vous de mentors, d'amis, de famille, de collaborateurs pour vous aider. Plusieurs cerveaux valent mieux qu'un. En revanche, soyez extrêmement sélective sur les personnes qui vont voyager avec vous.

Laury : un succès ne se fait jamais seul ! Il faut traverser les moments heureux ou malheureux d'un business avec une belle équipe soudée. Écoutez toujours vos tripes pour les choisir.

7. *N'ayez pas peur de ne pas savoir*

Laury : on n'est pas un puits de science ! On n'est pas obligé d'être une experte en la matière pour lancer un business. Il ne faut pas avoir peur de poser les bonnes questions au bon moment et de lever la main comme quand on est en cours et qu'on n'a rien compris.

Pauline : il faut en effet assumer ce que l'on ne sait pas et se faire aider. Si l'on cherche à faire semblant, on est vite démasqué par les vrais experts. Il faut avoir cette honnêteté intellectuelle. Avec Gemmyo, j'ai carrément dit aux fournisseurs que je ne connaissais rien au monde de la joaillerie au départ ! Ils se sont donc mis dans une démarche de coaching et de partage très bienveillante. Si j'avais fait semblant, j'aurais perdu toute crédibilité car ils s'en seraient rendu compte à un moment donné.

8. *Pactisez avec vos concurrents*

Pauline : je trouve cela très intéressant de collaborer avec ses concurrents, s'ils sont bien sûr sur la même longueur d'onde, c'est-à-dire bien intentionnés et partagent des valeurs communes. Il faut dialoguer avec eux, comprendre leurs points faibles et points forts, cela s'avère très riche d'informations. Surtout si vous êtes des marques qui démarrent, vous pourrez ainsi bénéficier chacun de la clientèle de l'autre.

Laury : faire copains-copains avec des entreprises avec la même dynamique que nous, oui ! La concurrence peut vite être anxiogène, savoir s'allier avec elle permet de nous apaiser dans notre business. Il faut pouvoir bénéficier de l'activité de l'autre sans se faire de l'ombre réciproquement.

9. *Suivez vos intuitions*

Laury : en grandissant, on a tendance à perdre ses intuitions. Mais, quand on était enfant, on ressentait tout ! Nous sommes des animaux instinctifs, pollués par la société moderne. Il faut retrouver cette intuition et apprendre à la développer. Quand je ne sens pas un truc, je n'y vais jamais. Parfois, je ne sais même pas expliquer pourquoi. Mais ça me réussit beaucoup.

Pauline : cela dépend des gens ! Il y a des gens intuitifs et d'autres non ! Il faut savoir se connaître et en faire l'expérience. Si vos intuitions sont généralement bonnes, c'est un super guide pour vous ! Si vous constatez en revanche qu'à chaque fois que vous dites à droite, c'est à gauche, ne vous y fiez pas.

10. *Prenez des risques*

Laury : oui, il ne faut pas avoir peur de se mouiller, de se jeter à l'eau. C'est à la fois excitant et palpitant et c'est surtout la joie du business ! Si on a peur de ressentir des papillons dans le ventre, on n'évolue jamais. Mais attention, il ne faut pas prendre des risques démesurés. Il faut les choisir et surtout les organiser.

Pauline : pour faire de grandes choses, il faut bien sûr prendre des risques. Notre campagne de pub Gemmyo avec un chat rose était une vraie prise de risque ! À l'époque, c'était un peu fou de vendre des bijoux avec ce type d'image et cela a été couronné de succès. Mais nous avions auparavant réalisé deux campagnes qui n'avaient pas fonctionné. Il faut oser prendre des décisions audacieuses tout en gardant un risque raisonnable sur l'équilibre de l'entreprise et ne pas la mettre en péril.

POWER GIRLS !

Elles ont bien fait de ne pas écouter ces phrases :

Laury

« Laisse le sport aux autres,
présente plutôt la météo. »

★

« Ah bon après Miss France,
il y a une vie ? »

★

« Depuis quand on s'habille comme ça
pour présenter une émission de sport ? »

Pauline

« Tu ne connais rien
à la joaillerie ! »

★

« Tu n'es pas faite pour
être entrepreneure. »

★

« Tu n'as pas les talents
pour y arriver. »

Le profil DE L'ENTREPRENEUR **À *SUCCÈS***

Parce que nous en rencontrons souvent et que Pauline en a même fait le thème de son podcast, nous avons constaté que les entrepreneurs à succès ont de grandes qualités en commun. Mais quel est donc ce profil de la réussite ?

SELON PAULINE

La vision

★ Les entrepreneurs ont une conviction profonde qui les habite. Ils ont une vision très claire de leur projet et une croyance forte en sa réussite. Ils en sont même complètement habités ! Peu importe le temps qu'ils mettront à y arriver, ils savent que cela fonctionnera un jour.

L'optimisme

★ Toutes les personnes avec qui j'ai parlé ont presque un petit grain de folie d'optimisme ! Ils croient en leur bonne étoile. Cet optimisme latent continue d'exister même en cas de problèmes. Ils savent qu'ils vont s'en sortir et ne lâchent rien pour arriver à leur but. À l'inverse, ceux qui voient le verre à moitié vide, les pessimistes, se plaignent et finissent par s'arrêter au moindre obstacle.

La lucidité

★ Ils ont une soif incroyable de se connaître eux-mêmes et d'être lucide quant à leurs talents, leurs qualités et leurs défauts. Ils savent donc s'entourer des bonnes personnes pour les aider. Lorsque tu es entrepreneur, il faut savoir là où tu es bon et moins bon pour prendre des décisions assez rapides.

SELON LAURY

La positivité

★ Ils gardent toujours leur sang-froid, la tête haute et mettent en place des techniques pour avoir la smile attitude toute l'année. Indispensable pour surmonter tous les obstacles qui les attendent.

Être à l'écoute du monde

★ Ils intègrent que l'homme vit en harmonie avec son environnement. L'écologie doit être au cœur de n'importe quel business qui s'ouvre aujourd'hui. Leurs yeux sont grands ouverts et l'humilité au rendez-vous ! Ils gardent toujours en tête qu'ils peuvent améliorer le quotidien des êtres humains qui les entourent sans les écraser.

L'humanité

★ Voilà la dernière qualité qu'un entrepreneur doit avoir pour réussir ! Aucune personne ne peut se construire seule. Le self-made man n'existe pas, on a besoin d'une équipe solide pour avancer et grandir. On est 7 milliards sur terre et ce n'est pas pour rien !

Retrouvez toutes les interviews d'entrepreneurs à succès sur le podcast de Pauline Laigneau disponible sur Apple Podcast, Spotify, Deezer ou Google Play.

CHECK POINT

Vous êtes à jour sur le monde de l'entrepreneuriat ? La stratégie de diversification est aussi limpide pour vous que votre dernier Spritz ? **C'est l'heure du contrôle surprise !**

- [ ] Je n'avance pas tête baissée et fais régulièrement un état des lieux de mon activité pour l'optimiser. **#remisenquestion**
- [ ] La concurrence ? Je la connais par cœur pour mieux me positionner et m'inspirer. **#toutcompris**
- [ ] En cas de problème de trésorerie, je connais les actions à mener d'urgence. **#soscoupsdurs**
- [ ] J'ai choisi la manière dont j'allais financer mon projet. **#moneymoney**
- [ ] Avant de me lancer dans les baraques à frites ou la vente de stylos 4 couleurs, je regarde si la diversification c'est bon pour mon entreprise. **#strategie**
- [ ] Je ne travaille pas toute seule, je me suis entourée d'experts et de personnes fiables et positives. **#goodteam**
- [ ] Je suis ultra lucide sur mes talents et mes défauts, je m'en sers pour bien m'entourer. **#synergiedefou**
- [ ] Je continue toujours d'apprendre, c'est bien mieux que de prétendre tout savoir. **#humilite**
- [ ] En cas d'hypercroissance de mon activité, j'ai en tête quelques leviers qui pourraient m'aider. **#coursealareussite**
- [ ] Je ne me laisse plus avoir par le moindre obstacle, je cultive mon sang-froid. **#winneuse**

Ça y est, vous voilà dans le grand bain ! À vous de continuer à flotter et de connaître toutes les nages pour avancer !

Faites maintenant le bilan de votre projet en indiquant les points sur lesquels vous devez encore bosser et ceux qui ne devraient pas poser de problème.

Et, surtout, partagez votre expérience sur les réseaux sociaux avec le hashtag #happyentrepreneure ! On a hâte de vous suivre !

MERCI À

Bella Jones (page 5), From Future (page 5), Gas bijoux (couverture, pages 5, 12, 40), Hod Paris (page 5), Mkt Studio (couverture, pages 12 et 40), Parisienne et Alors (page 76) pour le prêt des tenues et accessoires.

ISBN : 978-2-412-07273-8

Dépôt légal : octobre 2021

Imprimé en France par Estimprim

Éditions First, un département d'Edi8
92, avenue de France
75013 Paris
01 44 16 09 00
firstinfo@efirst.com
www.editionsfirst.fr